一语胜万言

经典金句、雅句

张伟鸿——编

图书在版编目（CIP）数据

一语胜万言 / 张伟鸿编. -- 沈阳 : 万卷出版有限责任公司, 2025. 9. -- ISBN 978-7-5470-6849-6

Ⅰ. H033

中国国家版本馆CIP数据核字第20257RE293号

出版发行：万卷出版有限责任公司
（地址：沈阳市和平区十一纬路 29 号　邮编：110003）
印 刷 者：三河市金兆印刷装订有限公司
经 销 者：全国新华书店
幅面尺寸：145 mm × 210 mm　1/32
字　　数：100 千字
印　　张：6
出版时间：2025 年 9 月第 1 版
印刷时间：2025 年 9 月第 1 次印刷
责任编辑：王雨晴
责任校对：刘　洋
封面设计：东合社
排版制作：文贤阁
ISBN 978-7-5470-6849-6
定　　价：45.00 元
联系电话：024-23284090
传　　真：024-23284448

你有没有这样的体验，想好好安慰一下失恋的朋友，话到嘴边却只剩下“别难过”；遇到挫折时，明明满腔痛苦，却只能发出一个“伤心”的表情包……我们似乎越来越习惯于用简单的网络语言来表达内心的感受，而与那些内涵更丰富、表意更精准的语言失之交臂。

创作这本书的初衷，源自一个有趣的发现：今天在朋友圈刷屏的“金句”，很多都能在古诗文中找到“原型”。比如，当你想劝朋友看开一点儿时，可能会说“穷也好，富也好，开心就好”，而白居易早在千年之前就用一句“随富随贫且欢乐”，表达出了同样的意思。原来，古往今来，人类的情感和智慧是一脉相承的，只是换了一种表达方式而已。

《一语胜万言》这本书就像一位博古通今的翻译官，能帮你把典雅的古诗文“翻译”成大白话和网络流行语，或者说把大白话和流行语用一种典雅的方式表达出来。你会发现：“天生我材必有用”其实就是“是金子总会发光，是废铁也能回收”，“好风凭借力，送我上青云”就是“顺风扬帆，才能一日千里”……这种“古今互译”，让传统文化变得亲切而有趣。

全书共分为八章，涵盖了为人、行事、品行、情感、交际、事业、财富、学业八个主题，涉及当代人生活的方方面面。在书中，你能领略到大白话的朴实亲切、当代金句的犀利直白、古诗文的凝练典雅。将三种表达方式放在一起进行对照，并不是为了证明孰优孰劣，而是想告诉你：语言原来可以这样鲜活、有趣。

当你在工作报告中引用“不谋全局者，不足谋一域”时，或者在婚礼致辞时说“执子之手，与子偕老”时，这些典雅的语句，会让你的表达更有分量，会让你的形象更加完美。

希望这本书能成为你的枕边书。当你需要智慧启迪时，随手翻开一页，或许就能遇见那句点亮心灯的箴言；当你想要提升表达能力时，这里的每一组句子都是现成的素材库。你会发现，原来我们说的每一句话，都可能带着文化的回响；原来那些最打动人心的表达，古人早已为我们写好。翻开这本书，让我们遇见更好的表达，也遇见更好的自己。

第一章 为人：
随富随贫且欢乐……………………………… 001

第二章 行事：
世事洞明皆学问……………………………… 033

第三章 品行：
要留清白在人间……………………………… 051

第四章 情感：
此情无计可消除……………………………… 063

第五章 交际：
良言一句三冬暖……………………………… 103

第六章 事业：
天生我材必有用……………………………… 127

第七章 财富：
千金散去还复来……………………………… 159

第八章 学业：
梅花香自苦寒来……………………………… 173

立身以正，处世以诚；

严以律己，宽以待人。

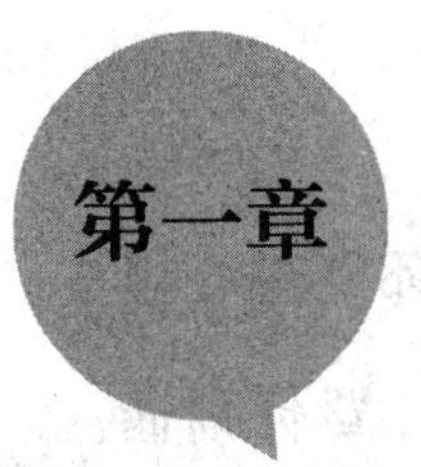

第一章

为人：

随富随贫且欢乐

人生在世，贵在真诚。无论顺境逆境，保持本心、善待他人，方能活得坦荡从容。

白话：好事坏事都别往心里去。

金句：夸你别飘，骂你别恼。

雅句：不以物喜，不以己悲。

——宋·范仲淹《岳阳楼记》

白话：有钱没钱都要开开心心地过日子。

金句：贫穷限制了我的想象，但不能限制我的快乐。

雅句：随富随贫且欢乐，不开口笑是痴人。

——唐·白居易《对酒》

白话：爱笑的人显年轻。

金句：笑一笑，十年少。

雅句：君侯一笑开怀抱，十日东风醉芳草。

——元·王恽《醉歌行》

白话：有人月薪三千也高兴，有人年薪百万还哭穷。

金句：知足天天乐，贪心日日忙。

雅句：知足者贫贱亦乐，不知足者富贵亦忧。

——宋·林逋《省心录》

白话：人生短暂，一转眼就过去了。

金句：人生百年内，疾速如过隙。

雅句：哀吾生之须臾，羡长江之无穷。

——宋·苏轼《赤壁赋》

白话：心如止水，不会被外物干扰。

金句：一切过眼不入心。

雅句：竹影扫阶尘不动，月穿潭底水无痕。

——宋·释志璇《偈五首·其四》

白话： 知足常乐。

金句： 真正的有钱，是心里不差钱。

雅句： 自胜者强。知足者富。

——先秦·老子《道德经》

白话： 别被情绪控制。

金句： 冲动是魔鬼。

雅句： 怒是猛虎，欲是深渊。

——清·金缨《格言联璧》

白话： 用从容、自在的心态生活。

金句： 慢下来，更精彩。

雅句： 采菊东篱下，悠然见南山。

——晋·陶渊明《饮酒》

白话：想走就走，想停就停，悠然自得。

金句：活得自在才是王道。

雅句：行到水穷处，坐看云起时。

——唐·王维《终南别业》

白话：人要知足，不能太贪心。

金句：知足的人活得畅快，贪心的人活得憋屈。

雅句：知足天地宽，贪得宇宙隘。

——清·曾国藩《忮求诗二首》

白话：成功和失败都别放在心上。

金句：得意时不忘形，失意时不消沉。

雅句：宠辱不惊，闲看庭前花开花落。

——明·陈继儒《小窗幽记·集景篇》

白话：在困境中也要保持从容的心态。

金句：外界的风雨无法打乱内心的节奏。

雅句：莫听穿林打叶声，何妨吟啸且徐行。

——宋·苏轼《定风波·莫听穿林打叶声》

白话：只要能让内心安宁，在哪儿生活都一样。

金句：真正的故乡不在脚下，而在心里。

雅句：此心安处是吾乡。

——宋·苏轼《定风波·南海归赠王定国侍人寓娘》

白话：看淡名利，内心平和。

金句：真正的富足，是内心的安宁。

雅句：非淡泊无以明志，非宁静无以致远。

——三国·诸葛亮《诫子书》

白话：不要因别人的评价而影响心情。

金句：控制情绪，才能掌控人生。

雅句：不以誉喜，不以毁怒。

——明·海瑞《令箴》

白话：不沉溺过去，不焦虑未来。

金句：把握当下，及时享乐。

雅句：今朝有酒今朝醉，明日愁来明日愁。

——唐·罗隐《自遣》

白话：一切顺其自然，不强求。

金句：万事随缘，皆是欢喜。

雅句：命里有时终须有，命里无时莫强求。

——明·《增广贤文》

白话：遇到突发事件不慌乱，被人无故挑衅不动怒。

金句：强者永远都有好心态。

雅句：卒然临之而不惊，无故加之而不怒。

——宋·苏轼《留侯论》

白话：人生短暂，不能活得窝窝囊囊的。

金句：是鹰就该翱翔，是人就该闯荡。

雅句：丈夫生世会几时，安能蹀躞垂羽翼？

——南北朝·鲍照《拟行路难·其六》

白话：要勤快，别懒惰。

金句：早起的鸟儿有虫吃。

雅句：一生之计在于勤。

——明·《增广贤文》

白话： 有错误就要及时改正。

金句： 知错不改，无可救药。

雅句： 过而不改，是谓过矣。

——先秦·《论语·卫灵公》

白话： 能认错、改错，才能有所进步。

金句： 进步的本质，就是不断纠错。

雅句： 人谁无过？过而能改，善莫大焉。

——先秦·左丘明《左传·宣公二年》

白话： 别让贪欲毁了你的人生。

金句： “贪”字近“贫”，“婪”字近“焚”。

雅句： 祸莫大于不知足。

——先秦·老子《道德经》

白话：活成自己想要的样子，不必在意别人的评价。

金句：你的人生，不需要别人打分。

雅句：草木有本心，何求美人折！

——唐·张九龄《感遇十二首·其一》

白话：别怕重新开始。

金句：重启人生，永远不晚。

雅句：雄关漫道真如铁，而今迈步从头越。

——现当代·毛泽东《忆秦娥·娄山关》

白话：人生的主动权掌握在自己手中。

金句：我命由我不由天。

雅句：命由我作，福自己求。

——明·袁黄《了凡四训》

白话：只管做好事就行了，别老想着有啥回报！

金句：做好事不是为了名利。

雅句：但行好事，莫问前程。

——明·《增广贤文》

白话：不担心将来，不留恋过去。

金句：往前冲，别回头！

雅句：从前种种，譬如昨日死；从后种种，譬如今日生。

——明·袁黄《了凡四训》

白话：别太依赖别人。

金句：靠山山会倒，靠人人会跑。

雅句：天行健，君子以自强不息。

——先秦·《周易·乾》

白话：别总回忆过去，要多想想将来。

金句：要向前看，不要向后转。

雅句：悟已往之不谏，知来者之可追。

——晋·陶渊明《归去来兮辞·并序》

白话：不要觉得自己最牛，总有人比你更厉害！

金句：强中自有强中手，能人背后有能人。

雅句：三人行，必有我师焉。

——先秦·《论语·述而》

白话：时光易逝，要格外珍惜。

金句：时间像手里的沙子，抓不住！

雅句：逝者如斯夫！不舍昼夜。

——先秦·《论语·子罕》

白话：真有本事，不愁没人知道。

金句：酒香不怕巷子深。

雅句：有麝自然香，何必当风立。

——元·佚名《连环计》

白话：不听劝？等着吃亏吧！

金句：听人劝，吃饱饭。

雅句：从谏如顺流，趣时如响赴。

——汉·班固《汉书·叙传上》

白话：有人喜欢这个，有人喜欢那个，很正常！

金句：萝卜青菜，各有所爱。

雅句：人各有所好，物固无常宜。

——唐·白居易《鹤》

白话：糟心事很多，能吐槽的没几件。

金句：成年人的世界里没有"容易"二字。

雅句：不如意事常八九，可与人言无二三。

——明·冯梦龙《醒世恒言》

白话：珍惜那些简单的快乐。

金句：小时候快乐很简单，长大后简单很快乐。

雅句：人间有味是清欢。

——宋·苏轼《浣溪沙·细雨斜风作晓寒》

白话：珍惜目前所拥有的，否则会后悔。

金句：有些幸福，过时不候。

雅句：花开堪折直须折，莫待无花空折枝。

——唐·杜秋娘《金缕衣》

白话：人总有退出历史舞台的一天。

金句：长江后浪推前浪，一代新人换旧人。

雅句：沉舟侧畔千帆过，病树前头万木春。

——唐·刘禹锡《酬乐天扬州初逢席上见赠》

白话：顺风局躺着也赢，逆风局拼命也输。

金句：别把运气当实力。

雅句：时来天地皆同力，运去英雄不自由。

——唐·罗隐《筹笔驿》

白话：高兴时就痛痛快快地喝一场吧！

金句：活在当下，珍惜眼前。

雅句：人生得意须尽欢，莫使金樽空对月。

——唐·李白《将进酒》

白话：当年的所谓大事，现在看来真不值得一提。

金句：所有的“人生至暗时刻”，后来都成了段子。

雅句：回首向来萧瑟处，归去，也无风雨也无晴。

——宋·苏轼《定风波·莫听穿林打叶声》

白话：不要总觉得自己比别人高明。

金句：你又没有掌握真理，别人凭什么听你的！

雅句：人之患，在好为人师。

——先秦·《孟子·离娄章句上》

白话：有的人看上去很厉害，其实不堪一击。

金句：越是张牙舞爪，越是底气不足。

雅句：色厉而内荏，譬诸小人。

——先秦·《论语·阳货》

白话：你有钱孝敬父母了，他们却不在了。

金句：你赚钱的速度，赶不上父母衰老的速度。

雅句：子欲养而亲不待。

——汉·韩婴《韩诗外传》

白话：好时光转瞬即逝，要格外珍惜。

金句：时间都去哪儿了？

雅句：盛年不重来，一日难再晨。

——晋·陶渊明《杂诗》

白话：不到紧要关头，看不出谁对你好。

金句：关键时刻见人品。

雅句：疾风知劲草，板荡识诚臣。

——唐·李世民《赐萧瑀》

白话：要学会控制欲望。

金句：欲望像海水，越喝越渴。

雅句：嗜欲深者，天机浅。

——宋·《朱子语类》

白话：年轻时就要敢闯、敢干。

金句：勇气是披荆斩棘的利器。

雅句：少年负壮气，奋烈自有时。

——唐·李白《少年行二首·其一》

白话：分清主次，别让无关的事消耗自己。

金句：把精力留给值得的事。

雅句：知止而后有定，定而后能静，静而后能安。

——先秦·《礼记·大学》

白话：要知足，贪心没好下场。

金句：不要吃着碗里的，看着锅里的。

雅句：身后有余忘缩手，眼前无路想回头。

——清·曹雪芹《红楼梦》

白话：志趣相投的人才会走到一起。

金句：鱼找鱼，虾找虾。

雅句：方以类聚，物以群分。

——先秦·《易传·系辞传上》

白话：好人掉进坏人堆里，时间久了也会变坏！

金句：接近谁，你就会成为谁。

雅句：白沙在涅，与之俱黑。

——先秦·荀子《荀子·劝学》

白话：人会受到环境的影响。

金句：跟啥人混，就会变成啥样。

雅句：近朱者赤，近墨者黑。

——明·《增广贤文》

白话：心里怎么想，嘴上就会怎么说。

金句：说话见人品，写字见性情。

雅句：言为心声，书为心画。

——西汉·扬雄《法言·问神》

白话：越穷越要有志气。

金句：不怕起点低，就怕没志气。

雅句：穷且益坚，不坠青云之志。

——唐·王勃《滕王阁序》

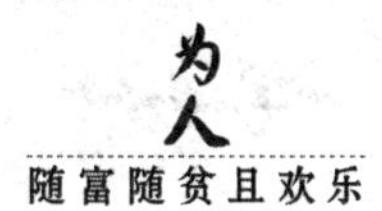

白话：要表里如一，不能“金玉其外，败絮其中”。

金句：与其在意外表，不如提升素养。

雅句：草萤有耀终非火，荷露虽团岂是珠。

——唐·白居易《放言五首·其一》

白话：你本来就很美，无须和别人比较。

金句：不要复制别人，要成为独一无二的自己。

雅句：何须浅碧深红色，自是花中第一流。

——宋·李清照《鹧鸪天·桂花》

白话：你要明白，灾难随时会降临。

金句：你永远不知道下一秒是惊喜还是惊吓。

雅句：天有不测风云，人有旦夕祸福。

——宋·吕蒙正《破窑赋》

白话：人可贵的不是不犯错，而是能改错。

金句：停止错误就是开始进步。

雅句：故不贵于无过，而贵于能改过。

——明·王守仁《教条示龙场诸生》

白话：真懂生活的人，用不着到山里躲清静。

金句：心静了，世界就静了。

雅句：始知真隐者，不必在山林。

——唐·白居易《玩新庭树，因咏所怀》

白话：即使有钱，也不能大手大脚地花。

金句：勤俭成事，挥霍败家。

雅句：历览前贤国与家，成由勤俭破由奢。

——唐·李商隐《咏史二首·其二》

白话：人要经常反省。

金句：日日反思，天天进步。

雅句：吾日三省吾身。

——先秦·《论语·学而》

白话：不论是大人物还是小人物，都喜欢追名逐利。

金句：名利二字，写尽人间事。

雅句：巨舰只缘因利往，扁舟亦是为名来。

——宋·李清照《钓台》

白话：真正聪明的人，往往看起来有点笨。

金句：聪明人装傻，高手藏锋。

雅句：大直若屈，大巧若拙。

——先秦·老子《道德经》

白话：你以为熬到头了，其实更难熬的日子才刚刚开始。

金句：人生的挑战连接不断。

雅句：莫言下岭便无难，赚得行人错喜欢。

——宋·杨万里《过松源晨炊漆公店》

白话：用情太深，会得心病。

金句：用情至深，必遭反噬。

雅句：情深不寿，慧极必伤。

——当代·金庸《书剑恩仇录》

白话：出了名又如何？还是自在喝酒更惬意。

金句：出名不如尽兴。

雅句：忍把浮名，换了浅斟低唱！

——宋·柳永《鹤冲天·黄金榜上》

白话：有的人说话能抓住重点，直击要害。

金句：真话如针，专扎痛处。

雅句：夫人不言，言必有中。

——先秦·《论语·先进》

白话：人生短暂，何必浪费时间去争名逐利？

金句：除了生死，都是小事。

雅句：蜗牛角上争何事，石火光中寄此身。

——唐·白居易《对酒五首·其二》

白话：不要以为自己了不起。

金句：人人都是过客，人人都很渺小。

雅句：寄蜉蝣于天地，渺沧海之一粟。

——宋·苏轼《赤壁赋》

白话：穷也好，富也好，日子一样过。

金句：穷也自在，富也从容。

雅句：不戚戚于贫贱，不汲汲于富贵。

——晋·陶渊明《五柳先生传》

白话：没钱时先顾自己，有钱了多帮别人。

金句：穷时管好自己，富时惠及他人。

雅句：穷则独善其身，达则兼善天下。

——先秦《孟子·尽心上》

白话：宁死不屈，气节至上。

金句：宁可站着死，不愿跪着生。

雅句：宁可枝头抱香死，何曾吹落北风中。

——宋·郑思肖《寒菊》

白话：日子过得好不好只有自己知道。

金句：苦乐自知，无须解释。

雅句：如人饮水，冷暖自知。

——南北朝·菩提达摩《血脉论》

白话：别人夸我或骂我，我都不在乎。

金句：不要因为别人而改变自己。

雅句：举世誉之而不加劝，举世非之而不加沮。

——先秦·庄子《庄子·逍遥游》

白话：感觉自己以前做错了。

金句：现在清醒，过去糊涂。

雅句：觉今是而昨非。

——晋·陶渊明《归去来兮辞·并序》

白话： 人生总是处在不断的变化中。

金句： 人生无常，世事易变。

雅句： 人生未死间，变化何终极。

——唐 · 白居易《谕怀》

白话： 一步错，步步错。

金句： 走错一步，后悔一生。

雅句： 一失足成千古恨，再回头已百年身。

——清 · 魏秀仁《花月痕 · 第二十五回》

白话： 每天都要有进步。

金句： 不断刷新自己。

雅句： 苟日新，日日新，又日新。

——先秦 · 《礼记 · 大学》

白话：看到别人能干，就要学着点。

金句：以高人为师。

雅句：见贤思齐焉，见不贤而内自省也。

——先秦·《论语·里仁》

白话：人生在世，该舍就舍，别啥都想要。

金句：人生要会做减法。

雅句：人生取舍间，趋竞固非优。

——唐·戴叔伦《感怀二首·其一》

白话：只有经历过苦难，才能变得越来越坚强。

金句：苦难出强者。

雅句：千锤万凿出深山，烈火焚烧若等闲。

——明·于谦《石灰吟》

白话： 人走过的那些地方，偶尔会留下一些痕迹。

金句： 人过留名，雁过留声。

雅句： 人生到处知何似，应似飞鸿踏雪泥。

——宋·苏轼《和子由渑池怀旧》

白话： 人老了，但心还年轻。

金句： 心若年轻，人生就能重启！

雅句： 谁道人生无再少？门前流水尚能西！

——宋·苏轼《浣溪沙·游蕲水清泉寺》

白话： 读书识字只不过是徒增烦恼而已。

金句： 越学越明白，越明白越烦恼。

雅句： 人生识字忧患始，姓名粗记可以休。

——宋·苏轼《石苍舒醉墨堂》

白话：人生不过一场旅程，我们都是匆匆过客。

金句：不必太认真，你不过是从这个世界匆匆路过。

雅句：人生天地间，忽如远行客。

——汉·佚名《青青陵上柏》

白话：千万不要借酒消愁。

金句：酒无法帮你摆脱困境。

雅句：抽刀断水水更流，举杯消愁愁更愁。

——唐·李白《宣州谢朓楼饯别校书叔云》

白话：心里踏实了，过日子才踏实。

金句：心定如锚，世界自宽。

雅句：心安身自安，身安室自宽。

——宋·邵雍《心安吟》

白话：追名逐利的人大多活得很累。

金句：淡泊胜过钻营。

雅句：多少长安名利客，机关用尽不如君。

——宋·黄庭坚《牧童诗》

白话：心态好了，住在哪儿都觉得好。

金句：心若超脱，处处是家。

雅句：高淡清虚即是家，何须须占好烟霞。

——唐·贯休《野居偶作》

白话：饭后散散步，对身体有好处。

金句：饭后百步走，活到九十九。

雅句：食后徐行百步多，手摩脐腹食消磨。

——宋·真德秀《卫生歌》

第二章

行事：世事洞明皆学问

做事要讲究方法，更要注重细节。智慧往往藏在日常的观察与思考中，用心方能成事。

白话：做事情要善始善终。

金句：开头容易坚持难。

雅句：靡不有初，鲜克有终。

——先秦·左丘明《左传·晋灵公不君》

白话：做事要有恒心。

金句：坚持就是胜利。

雅句：锲而不舍，金石可镂。

——先秦·荀子《荀子·劝学》

白话：做事情不能半途而废。

金句：半途而废就是前功尽弃。

雅句：行百里者半于九十。

——汉·刘向《战国策·卷七》

白话：遇事不急不躁，保持冷静。

金句：事情越大，心态越稳。

雅句：每临大事有静气。

——清·翁同龢

白话：遇事不慌不忙，沉稳应对。

金句：真正的定力，经得起地动山摇的考验。

雅句：泰山崩于前而色不变，麋鹿兴于左而目不瞬。

——宋·苏洵《心术》

白话：不能在一棵树上吊死。

金句：人挪活，树挪死。

雅句：穷则变，变则通，通则久。

——先秦·《易传·系辞传下》

白话：看清形势，该冲就冲，该怂就怂。

金句：要顺势而为，不要逆风而上。

雅句：识时务者为俊杰。

——晋·习凿齿《襄阳记》

白话：尽力而为，不成功也没关系。

金句：竭尽全力，剩下的交给运气！

雅句：尽人事以听天命。

——清·李汝珍《镜花缘》

白话：做什么事都别做过了头。

金句：适可而止，见好就收。

雅句：凡事当留余地，得意不宜再往。

——明·朱柏庐《治家格言》

白话：做好自己的事就行，不要管别人的闲事。

金句：不管闲事，少惹麻烦。

雅句：各人自扫门前雪，莫管他家瓦上霜。

——明·冯梦龙《警世通言·卷二十四》

白话：到什么山头唱什么歌。

金句：随机应变，顺势而为。

雅句：世异则事异。

——先秦·韩非《韩非子·五蠹》

白话：分辨谣言与真话，不信谣，不传谣。

金句：在明白人面前，谣言不攻自破。

雅句：流丸止于瓯臾吗，流言止于知者。

——先秦·荀子《荀子·大略》

白话：平时默默无闻，一出手就惊艳众人。

金句：要么不做，要做就做到极致。

雅句：不鸣则已，一鸣惊人。

——汉·史马迁《史记·滑稽列传》

白话：一旦走漏消息，就会坏事。

金句：闷声干大事，多嘴必翻车。

雅句：事以密成，语以泄败。

——先秦·韩非《韩非子·说难》

白话：只盯着蝇头小利会失去赚大钱的机会。

金句：捡了芝麻，丢了西瓜。

雅句：贪小利则大事不成。

——先秦·《论语·子路》

白话：越着急越容易翻车。

金句：心急吃不了热豆腐。

雅句：欲速则不达。

——先秦·《论语·子路》

白话：做事要有准备。

金句：无计划，必翻车。

雅句：凡事预则立，不预则废。

——《礼记·中庸》

白话：不要追求完美。

金句：饭吃七分饱，事做八分好。

雅句：月满则亏，水满则溢。

——先秦·《周易·丰》

白话：做事要把握分寸。

金句：凡事有度，过犹不及。

雅句：过满则溢，过刚则折。

——明·洪应明《菜根谭》

白话：好事就是坏事，坏事就是好事。

金句：失去的会以另一种方式得到。

雅句：塞翁失马，焉知非福？

——汉·刘安《淮南子·人间训》

白话：别轻易站队。

金句：神仙打架，凡人遭殃。

雅句：中立而不倚，强哉矫。

——《礼记·中庸》

白话：不要计较小事，不要因小失大。

金句：为小事发怒，会坏大事。

雅句：小不忍，则乱大谋。

——先秦·《论语·卫灵公》

白话：多少天大的事，后来都成了谈资。

金句：万般故事，不过茶余一哂。

雅句：古今多少事，都付笑谈中。

——明·杨慎《临江仙·滚滚长江东逝水》

白话：以为走入了绝境，却发现了一条新路。

金句：危机就是转机。

雅句：山重水复疑无路，柳暗花明又一村。

——宋·陆游《游山西村》

白话：做事不能优柔寡断。

金句：该狠心时手软，活该你倒霉！

雅句：当断不断，反受其乱。

——汉·司马迁《史记·春申君列传》

白话：要从根本上解决问题。

金句：扬汤止沸不如釜底抽薪。

雅句：君子务本，本立而道生。

——先秦·《论语·学而》

白话：不与人争，就不会遭人恨。

金句：不争是最高级的生存智慧。

雅句：夫唯不争，故无尤。

——先秦·老子《道德经》

白话：做事情，眼光要长远。

金句：人无远虑，必有近忧。

雅句：不谋万世者，不足谋一时。

——清·陈澹然《寤言二·迁都建藩议》

白话：事情完成，便悄然离去，不露痕迹、不图名声。

金句：不驰于空想，不骛于虚声。

雅句：事了拂衣去，深藏身与名。

——唐·李白《侠客行》

白话：没事别瞎掺和，少管闲事少惹麻烦。

金句：多一事不如少一事。

雅句：不在其位，不谋其政。

——先秦·《论语·泰伯》

白话：正人君子不屑与小人共事。

金句：宁与高尚者同默，不与卑劣者共语。

雅句：凤凰不共鸡争食，莫怪先生懒折腰。

——唐·胡曾《咏史诗·彭泽》

白话：有多大能耐干多大事。

金句：有多大的脚穿多大的鞋。

雅句：力能则进，否则退，量力而行。

——先秦·左丘明《左传·昭公十五年》

白话：提前做准备，遇事不慌张。

金句：天没下雨先打伞。

雅句：“居安思危”。思则有备，有备无患。

——先秦·左丘明《左传·襄公十一年》

白话：越急越容易出岔子。

金句：手忙脚乱毁所有，气定神闲赢全局。

雅句：万事尽从忙里错，一心须向静中安。

——宋·戴复古《处世》

白话：别人使坏，不惯着；别人对你好，加倍还！

金句：别学“圣母”，要学镜子！

雅句：以直报怨，以德报德。

——先秦·《论语·宪问》

白话：要实事求是，不能主观臆断。

金句：没有调查就没有发言权。

雅句：事不目见耳闻，而臆断其有无，可乎？

——宋·苏轼《石钟山记》

白话：不嫉妒，不贪求，这样多好啊！

金句：不贪不妒，心安神固。

雅句：不忮不求，何用不臧？

——先秦·《诗经·邶风·雄雉》

白话：不与人争利，顺其自然。

金句：争是不争，不争是争。

雅句：夫唯不争，故天下莫能与之争。

——先秦·老子《道德经》

白话：解决小问题，也需要大格局。

金句：全局思维决定局部成败。

雅句：不谋全局者，不足谋一域。

——清·陈澹然《寤言二·迁都建藩议》

白话：做大事要从做小事开始。

金句：把简单的事做好，就是不简单。

雅句：天下大事，必作于细。

——先秦·老子《道德经》

白话：为人处世是门大学问。

金句：不懂人情世故，就会寸步难行。

雅句：世事洞明皆学问，人情练达即文章。

——清·曹雪芹《红楼梦》

白话：不是自己的东西一丝一毫都不能拿。

金句：不是你的菜，别往碗里夹。

雅句：苟非吾之所有，虽一毫而莫取。

——宋·苏轼《赤壁赋》

白话：机会来了，就要抓住。

金句：过了这个村，就没这个店了。

雅句：机不可失，时不再来。

——宋·司马光《资治通鉴·后晋纪三》

白话：自己的事情自己干。

金句：靠山山会倒，自己才可靠。

雅句：人生万事须自为。

——元·范梈《王氏能远楼》

白话：踩过的雷不能再踩，吃过的亏不能再吃。

金句：吃一堑，长一智。

雅句：前事不忘，后事之师。

——汉·刘向《战国策·卷十八》

白话：做事要有始有终，不能虎头蛇尾。

金句：既要开好头，也要收好尾。

雅句：人生何所贵，所贵有始终。

——唐·卢仝《感古四首》

白话：欲望是魔鬼，会让人失去理智。

金句：欲望太强会翻车。

雅句：须知有欲不为刚，血气乘之反类狂。

——宋·张九成《论语绝句·其十七》

白话：该做的做，不该做的不做，在混乱中保持清醒。

金句：进退有度，收放自如。

雅句：行所当行止当止，错乱中间有条理。

——金·施宜生《山谷草书》

白话：坏事虽小也不能做,善事虽小也不能不做。

金句：教养体现在小处。

雅句：勿以恶小而为之，勿以善小而不为。

——晋·陈寿《三国志·蜀志传》

白话：被别人轻视，不代表你没有能力。

金句：真正的价值无须他人定义，时间与坚持会给出答案。

雅句：时人不识凌云木，直待凌云始道高。

——唐·杜荀鹤《小松》

白话：话说多了会惹麻烦。

金句：管住嘴，稳住心。

雅句：时事懒言多忌讳，野吟无主若纵横。

——唐·齐己《偶题》

第三章

品行：要留清白在人间

正直是做人的根本。无论外界如何变化，坚守原则、光明磊落，才能赢得真正的尊重。

白话：做人要守信用。

金句：答应别人的事，累死也要做到。

雅句：言必信，行必果。

——先秦·《论语·子路》

白话：关键时刻，才能看出人的真面目。

金句：危难显本色，困境见真章。

雅句：时穷节乃见，一一垂丹青。

——宋·文天祥《正气歌》

白话：要尊重别人的隐私。

金句：你又不是狗仔队，别活得像个监控器。

雅句：不责人小过，不发人阴私。

——明·洪应明《菜根谭》

白话：先管好自己，不要总是指责别人。

金句：别用圣人的标准要求别人，用庸俗的标准要求自己。

雅句：正己而不求于人则无怨。

——《礼记·中庸》

白话：别太计较得失。

金句：心态不崩，得失看轻。

雅句：得失从缘，心无增减。

——唐·释道宣《续高僧传》

白话：交朋友最重要的是讲诚信。

金句：信用破产，友谊归零。

雅句：与朋友交，言而有信。

——先秦·《论语·学而》

白话：轻易许诺的人，往往都不可信。

金句：承诺越容易，兑现越困难。

雅句：轻诺必寡信。

——先秦·老子《道德经》

白话：强横无理的人都没有好下场。

金句：横着走的螃蟹，迟早会被下油锅。

雅句：强梁者不得其死。

——先秦·老子《道德经》

白话：不要光听他怎么说，还要看他怎么做。

金句：画饼谁不会？关键是吃得上吗？

雅句：听其言而观其行。

——先秦·《论语·公冶长》

白话： 遇到问题先从自身找原因，不要抱怨别人。

金句： 强者自省，弱者抱怨环境。

雅句： 君子求诸己，小人求诸人。

——先秦·《论语·卫灵公》

白话： 做人要谦虚。

金句： 谦虚使人进步，骄傲使人落后。

雅句： 满招损，谦受益。

——先秦·《尚书·大禹谟》

白话： 做人要大度，不要总是耍心眼儿。

金句： 心眼儿多了，麻烦也会多。

雅句： 量大福亦大，机深祸亦深。

——明·施耐庵《水浒传·第十九回》

白话：做人要正直。

金句：人在做，天在看。

雅句：仰不愧于天，俯不怍于人。

——先秦·《孟子·尽心章句上》

白话：别总想着占便宜。

金句：便宜占尽，福气散尽。

雅句：福不可享尽，便宜不可占尽。

——明·冯梦龙《警世通言》

白话：甜言蜜语、满脸堆笑的没几个是好人。

金句：笑得越甜，算计越深。

雅句：巧言令色，鲜矣仁！

——先秦·《论语·学而》

白话：跟坏人混在一起，迟早会学坏。

金句：优秀会传染，卑劣也会。

雅句：与恶人居，如入鲍鱼之肆，久而不闻其臭。

——汉·刘向《说苑·杂言》

白话：光承诺不兑现，只会害了自己。

金句：光说不做，迟早翻车。

雅句：口惠而实不至，怨菑及其身。

——《礼记·表记》

白话：外表平平，但品格高贵。

金句：好看的皮囊随处可见，高贵的灵魂万里无一。

雅句：不要人夸好颜色，只留清气满乾坤。

——元·王冕《墨梅》

白话：度量要大，要学会包容别人。

金句：能容人，才能成事。

雅句：海纳百川，有容乃大。

——清 · 林则徐

白话：我还像过去一样真诚、纯洁。

金句：我还是我，初心未改。

雅句：洛阳亲友如相问，一片冰心在玉壶。

——唐 · 王昌龄《芙蓉楼送辛渐》

白话：做人要坦坦荡荡。

金句：要豁达大度，不要斤斤计较。

雅句：君子坦荡荡，小人长戚戚。

——先秦 ·《论语 · 述而》

白话：靠谱儿的人，说不好话，但做得好事。

金句：行动胜于言语。

雅句：君子欲讷于言而敏于行。

——先秦·《论语·里仁》

白话：大神都不爱显摆。

金句：真人不露相，露相非真人。

雅句：谦谦君子，卑以自牧也。

——先秦·《周易·谦》

白话：男子汉一诺千金，说到就要做到。

金句：诚信比金钱更重要。

雅句：丈夫一言许人，千金不易。

——宋·司马光《资治通鉴·唐纪二》

白话：克制私欲，否则就是自找麻烦。

金句：私心少一点儿，自在多一点儿。

雅句：不以一毫私意自蔽，不以一毫私欲自累。

——宋·朱熹《中庸章句》

白话：即使无人监督，也会管好自己。

金句：真正的修养是在无人处依然自律。

雅句：暗室不欺，屋漏不愧。

——宋·包恢《临江合皂李仲章以省轩求诗》

白话：要用真心打动别人，而不要耍手段。

金句：真诚的力量，胜过一切。

雅句：精诚所加，金石为开。

——南朝宋·范晔《后汉书·光武十王列传》

白话：不要追求表面风光，要踏实做事。

金句：实力比外表更重要。

雅句：名过其实者损。

——汉·韩婴《韩诗外传》

白话：坚守正道，不因诱惑而动摇。

金句：守住初心，守住底线。

雅句：君子独处守正，不桡众枉。

——汉·班固《汉书·楚元王传》

白话：对人要宽容，不能斤斤计较。

金句：格局大的人能容人，能扛事。

雅句：君子以厚德载物。

——先秦·《周易·坤》

白话：坏事干多了，早晚栽跟头。

金句：多行不义必自毙。

雅句：善不积不足以成名，恶不积不足以灭身。

——先秦·《易传·系辞传下》

白话：爱干坏事的人离倒霉不远了。

金句：兔子尾巴长不了，歪门邪道走不远。

雅句：不义而强，其毙必速。

——先秦·左丘明《左传·昭公元年》

白话：没那金刚钻，别揽瓷器活儿。

金句：能力配不上野心。

雅句：沐猴而冠带，知小而谋强。

——汉·曹操《薤露行》

第四章

情感：此情无计可消除

世间最动人的莫过于真情。亲情、爱情、友情……真挚的情感总能温暖人心，是上天给我们的最珍贵的馈赠。

白话：那份感情，我现在还常常怀念。

金句：原来那就是爱，可惜当时没明白。

雅句：此情可待成追忆，只是当时已惘然。

——唐·李商隐《锦瑟》

白话：想你想得睡不着。

金句：爱一个人，夜晚就会变得漫长。

雅句：相思一夜梅花发，忽到窗前疑是君。

——唐·卢仝《有所思》

白话：我对你的爱，到死也不会改变。

金句：真爱是永恒的。

雅句：春蚕到死丝方尽，蜡炬成灰泪始干。

——唐·李商隐《无题》

白话：真舍不得跟你分开。

金句：有些人，一转身就是一辈子。

雅句：多情自古伤离别，更那堪，冷落清秋节！

——宋·柳永《雨霖铃·寒蝉凄切》

白话：要是能永远像刚认识时那样该多好啊！

金句：当初无话不说，现在无话可说。

雅句：人生若只如初见，何事秋风悲画扇。

——清·纳兰性德《木兰花·拟古决绝词柬友》

白话：等你等得花儿都谢了。

金句：等待是最漫长的告白。

雅句：过尽千帆皆不是，斜晖脉脉水悠悠。

——唐·温庭筠《望江南·梳洗罢》

白话：因为你，我瘦了一圈儿。

金句：爱一个人，就甘愿为她伤心。

雅句：衣带渐宽终不悔，为伊消得人憔悴。

——宋·柳永《蝶恋花·伫倚危楼风细细》

白话：风景依旧，可你已不在。

金句：你走了，春天还在，可我的心已空。

雅句：人面不知何处去，桃花依旧笑春风。

——唐·崔护《题都城南庄》

白话：明明相爱，却不能在一起。

金句：世间最远的距离，是相爱却无法相守。

雅句：还君明珠双泪垂，恨不相逢未嫁时。

——唐·张籍《节妇吟寄东平李司空师道》

白话：希望能有一个人与我白头偕老。

金句：爱，就是长久的陪伴。

雅句：愿得一心人，白头不相离。

——汉·卓文君《白头吟》

白话：愁得头发都白了。

金句：我的愁，是头发的催白剂。

雅句：白发三千丈，缘愁似个长。

——唐·李白《秋浦歌十七首·其十五》

白话：除了你，我不会再爱其他人。

金句：见过了最好的，其他的都只能算“凑合”。

雅句：曾经沧海难为水，除却巫山不是云。

——唐·元稹《离思五首·其四》

白话：恨老天让我失去你。

金句：失去你的伤痛，永远无法抚平。

雅句：天长地久有时尽，此恨绵绵无绝期。

——唐·白居易《长恨歌》

白话：漂泊在外，想家想得难受。

金句：故乡是回不去的远方。

雅句：露从今夜白，月是故乡明。

——唐·杜甫《月夜忆舍弟》

白话：只要真心相爱，两地分居也没关系。

金句：真爱不会因距离而改变。

雅句：两情若是久长时，又岂在朝朝暮暮。

——宋·秦观《鹊桥仙·纤云弄巧》

白话：明明离得很近，却没法说一句话。

金句：近在咫尺，远在天涯。

雅句：盈盈一水间，脉脉不得语。

——汉·佚名《迢迢牵牛星》

白话：我喜欢你，你却不知道。

金句：暗恋是最痛苦的恋情。

雅句：山有木兮木有枝，心悦君兮君不知。

——先秦·佚名《越人歌》

白话：去年的今天，你站在门口，脸红得像旁边的桃花。

金句：原来最美的风景，是那年的你。

雅句：去年今日此门中，人面桃花相映红。

——唐·崔护《题都城南庄》

白话：早知道会这样，当初就不该认识。

金句：最大的遗憾不是失去，而是我本可以不拥有。

雅句：早知今日事，悔不慎当初。

——宋·释普宁《偈颂二十一首》

白话：等你等到天荒地老。

金句：我在等一个永远不回来的人。

雅句：想佳人妆楼颙望，误几回、天际识归舟。

——宋·柳永《八声甘州·对潇潇暮雨洒江天》

白话：愿我们能永远相依相伴。

金句：就想每天和你黏在一起。

雅句：愿我如星君如月，夜夜流光相皎洁。

——宋·范成大《车遥遥篇》

白话：我登楼眺望，却望不见你的身影。

金句：孤独时最想你，想你时最孤独。

雅句：独上高楼，望尽天涯路。

——近现代·王国维《人间词话七则》

白话：分别时，一句话也说不出来，只有默默哭泣。

金句：话到嘴边，全变成了眼泪。

雅句：执手相看泪眼，竟无语凝噎。

——宋·柳永《雨霖铃·寒蝉凄切》

白话：我对你的思念刻骨铭心。

金句：想你想到骨子里。

雅句：玲珑骰子安红豆，入骨相思知不知。

——唐·温庭筠《新添声杨柳枝词二首·其二》

白话： 你要是能像月亮一样永远陪伴着我就好了。

金句： 月亮会追着我跑，你就只会玩消失。

雅句： 恨君不似江楼月，南北东西，南北东西，只有相随无别离。

——宋·吕本中《采桑子·恨君不似江楼月》

白话： 有千言万语却说不出口，只是默默地流泪。

金句： 最深的爱，往往藏在沉默里。

雅句： 相顾无言，惟有泪千行。

——宋·苏轼《江城子·乙卯正月二十日夜记梦》

白话： 我们还没来得及好好相爱，就已经老了。

金句： 韶光易逝，容颜易老。

雅句： 最是人间留不住，朱颜辞镜花辞树。

——近现代·王国维《蝶恋花·阅尽天涯离别苦》

白话：我们明明相爱，却不能在一起。

金句：情深缘浅，无奈分离。

雅句：一生一代一双人，争教两处销魂。

——清·纳兰性德《画堂春·一生一代一双人》

白话：天隔一方，互相思念，心里都很难受。

金句：你想我时，我也正在想你。

雅句：花自飘零水自流。一种相思，两处闲愁。

——宋·李清照《一剪梅·红藕相残玉簟秋》

白话：见一面很难，分手时又依依不舍。

金句：见面像中奖，离别像破产。

雅句：相见时难别亦难，东风无力百花残。

——唐·李商隐《无题》

白话：我把真心给了你，你却不当回事。

金句：一片真心喂了狗。

雅句：我本将心向明月，奈何明月照沟渠。

——元·高明《琵琶记》

白话：漫漫长夜，想你想得睡不着。

金句：夜很长，思念也很长。

雅句：情人怨遥夜，竟夕起相思。

——唐·张九龄《望月怀远》

白话：阴阳两隔，想你想得彻夜难眠。

金句：真爱是超越生死的。

雅句：惟将终夜长开眼，报答平生未展眉。

——唐·元稹《遣悲怀三首·其三》

白话：你走后，我连说话的人都没了。

金句：说好要一路同行，你却中途下车了。

雅句：梧桐半死清霜后，头白鸳鸯失伴飞。

——宋·贺铸《鹧鸪天·重过阊门万事非》

白话：我对你的爱永远不会变。

金句：心里全是你，这辈子就认定你了。

雅句：天不老，情难绝。心似双丝网，中有千千结。

——宋·张先《千秋岁·数声鶗鴂》

白话：让我们好好享受这美好时光吧！

金句：千金一刻，尽情欢愉。

雅句：欢娱在今夕，嬿婉及良时。

——汉·苏武《留别妻》

白话：看到你用过的物品，又想起了你。

金句：夫妻情深，睹物思人。

雅句：惟将旧物表深情，钿合金钗寄将去。

——唐·白居易《长恨歌》

白话：从前不知相思为何，一遇便深陷。

金句：刚懂得爱，就因爱而烦恼。

雅句：平生不会相思，才会相思，便害相思。

——元·徐再思《蟾宫曲·春情》

白话：你嫁人了，以后恐怕很难再见一面。

金句：你嫁入豪门，我成了路人。

雅句：侯门一入深如海，从此萧郎是路人。

——唐·崔郊《赠去婢》

白话：希望你能像我爱你一样爱我。

金句：爱情是双向奔赴。

雅句：只愿君心似我心，定不负相思意。

——宋·李之仪《卜算子·我住长江头》

白话：要是当初不让你走就好了。

金句：如果重来一次，我一定紧紧抓住你。

雅句：悔当初、不把雕鞍锁。

——宋·柳永《定风波·自春来惨绿愁红》

白话：我对你的思念没有一刻停止。

金句：有些思念，一旦开始，就再也停不下来。

雅句：忆君心似西江水，日夜东流无歇时。

——唐·鱼玄机《江陵愁望寄子安》

白话：约会告吹了，躺在床上思绪久久不能平静。

金句：被放了鸽子，一肚子委屈。

雅句：水纹珍簟思悠悠，千里佳期一夕休。

——唐·李益《写情》

白话：告诉自己要放下，却总是想起你。

金句：理智在感情面前总是败下阵来。

雅句：剪不断，理还乱，是离愁。

——五代·李煜《相见欢·无言独上西楼》

白话：你回头看了我一眼，我便天天想你。

金句：确认过眼神，我遇上了对的人。

雅句：只缘感君一回顾，使我思君朝与暮。

——未知·佚名《古相思曲·其一》

白话：你有了新欢，知道我有多难过吗？

金句：新欢在怀，旧情已忘。

雅句：但见新人笑，那闻旧人哭。

——唐·杜甫《佳人》

白话：明知道相思无用，但还是忍不住想你。

金句：爱而不得，也要疯个痛快。

雅句：直道相思了无益，未妨惆怅是清狂。

——唐·李商隐《无题·重帏深下莫愁堂》

白话：既然你有了二心，我就和你分手。

金句：劈腿零容忍，废话不多说。

雅句：闻君有两意，故来相决绝。

——汉·卓文君《白头吟》

白话：你要去外地工作，我有些担心。

金句：你一走，我的心就悬起来了。

雅句：我寄愁心与明月，随君直到夜郎西。

——唐·李白《闻王昌龄左迁龙标遥有此寄》

白话：二十年后重逢竟认不出彼此。

金句：岁月改变了容颜，情谊却恒久不变。

雅句：问姓惊初见，称名忆旧容。

——唐·李益《喜见外弟又言别》

白话：离得远没关系，只要心里装着对方就好。

金句：心近了，距离就不会远。

雅句：海内存知己，天涯若比邻。

——唐·王勃《送杜少府之任蜀州》

白话：你的想法我一眼就能看明白。

金句：好朋友之间的交流，只需要一个眼神。

雅句：四人相视而笑，莫逆于心。

——先秦·庄子《庄子·大宗师》

白话：当年的老朋友大半都不在了。

金句：没有了朋友，美景也会黯然失色。

雅句：当时共我赏花人，点检如今无一半。

——宋·晏殊《木兰花·池塘水绿风微暖》

白话：我常常想起过去我们喝酒赏花的情景。

金句：十年不见，你还好吗？

雅句：桃李春风一杯酒，江湖夜雨十年灯。

——宋·黄庭坚《寄黄几复》

白话：我们是忘年交，很有共同语言。

金句：友情是超越年龄的。

雅句：忘年尔我重交情，论事相同见老成。

——明·谢榛《夜话李孺长书屋因忆乃翁左纳言》

白话：药能停，可心里那个人，怎么也放不下。

金句：药有尽时，念无绝期。

雅句：药石有时闲，念我意中人。

——晋·陶渊明《示周续之祖企谢景夷三郎》

白话：与朋友久别重逢，很激动。

金句：光阴易逝，友谊长存。

雅句：人生不相见，动如参与商。今夕复何夕，共此灯烛光。

——唐·杜甫《赠卫八处士》

白话：父母的爱最值得珍视。

金句：父母不在了，但他们的爱依然在。

雅句：父书空满箧，母线尚萦襦。

——清·史骐生《写怀》

白话：我每次回家，我妈都说我瘦了。

金句：母亲不在乎你飞得高不高，只关心你活得累不累。

雅句：见面怜清瘦，呼儿问苦辛。

——清·蒋士铨《岁暮到家》

白话：相隔万里仍彼此牵挂。

金句：再远的距离，也隔不断真挚的友情。

雅句：相知无远近，万里尚为邻。

——唐·张九龄《送韦城李少府》

白话：父母生我养我，付出了很多心血。

金句：父母之恩，没齿难忘。

雅句：父兮生我，母兮鞠我。拊我畜我，长我育我。

——先秦·《诗经·小雅·蓼莪》

白话：看见这空空荡荡的房子，我就会想起你。

金句：没有你，一切都变样了。

雅句：空床委清尘，虚室来悲风。

——晋·潘安《悼亡诗三首·其二》

白话：人难免会经历骨肉分离的痛苦。

金句：聚散离合是人生的必修课。

雅句：人有悲欢离合，月有阴晴圆缺，此事古难全。

——宋·苏轼《水调歌头·明月几时有》

白话：这俩人是形影不离的好兄弟。

金句：俩人好得像一个人似的。

雅句：醉眠秋共被，携手日同行。

——唐·杜甫《与李十二白同寻范十隐居》

白话：我和朋友天各一方，想给他寄封信都难。

金句：通信断了，情谊没断。

雅句：我居北海君南海，寄雁传书谢不能。

——宋·黄庭坚《寄黄几复》

白话：礼轻情义重。

金句：没有珍宝，只有真情。

雅句：江南无所有，聊赠一枝春。

——南北朝·陆凯《赠范晔诗》

白话：会有很多人愿意跟你交朋友。

金句：只要足够优秀，自然有人追随。

雅句：莫愁前路无知己，天下谁人不识君。

——唐·高适《别董大二首·其一》

白话：我敬你一杯酒，为你接风洗尘。

金句：酒是友情的催化剂。

雅句：我有一瓢酒，可以慰风尘。

——唐·韦应物《简卢陟》

白话：我困了，咱们明天再聊！

金句：真朋友不需要客套。

雅句：我醉欲眠卿且去，明朝有意抱琴来。

——唐·李白《山中与幽人对酌》

白话：老朋友重逢，两个人都显老了。

金句：时光飞逝，友情依旧。

雅句：欢笑情如旧，萧疏鬓已斑。

——唐·韦应物《淮上喜会梁州故人》

白话：与老朋友不期而遇，心中有无限感慨。

金句：偶遇故人，人生大幸。

雅句：正是江南好风景，落花时节又逢君。

——唐·杜甫《江南逢李龟年》

白话：年龄不同、兴趣各异的人也能成为好朋友。

金句：爱好不同没关系，“三观”一致才重要。

雅句：人生交契无老少，论交何必先同调。

——唐·杜甫《徒步归行》

白话：朋友走了，连影子都看不到了。

金句：朋友一走，世界顿时就空了。

雅句：孤帆远影碧空尽，唯见长江天际流。

——唐·李白《黄鹤楼送孟浩然之广陵》

白话：你对我的情谊，比山高比海深。

金句：知己难得，情谊无价。

雅句：桃花潭水深千尺，不及汪伦送我情。

——唐·李白《赠汪伦》

白话：要珍惜那个爱你的人。

金句：远方的风景，不如身边的温暖。

雅句：满目山河空念远，落花风雨更伤春，不如怜取眼前人。

——宋·晏殊《浣溪沙·一向年光有限身》

白话：再喝一杯吧，去了外地你就没有熟人了。

金句：出了这道门，再无知心人。

雅句：劝君更尽一杯酒，西出阳关无故人。

——唐·王维《送元二使安西》

白话：我们都是不幸的人，所以我觉得你很亲切。

金句：同病相怜，一见如故。

雅句：同是天涯沦落人，相逢何必曾相识！

——唐·白居易《琵琶行》

白话：找一个好男人可不容易。

金句：人间最贵是真情。

雅句：易求无价宝，难得有心郎。

——唐·鱼玄机《赠邻女》

白话：喝了酒，心里更想你了。

金句：酒解不了相思，只会增加伤感。

雅句：明月楼高休独倚，酒入愁肠，化作相思泪。

——宋·范仲淹《苏幕遮·怀旧》

白话：不知道什么时候才能回家与你团聚。

金句：等待太长，思念太满。

雅句：君问归期未有期，巴山夜雨涨秋池。

——唐·李商隐《夜雨寄北》

白话：又一个春天来了，我什么时候才能回家啊！

金句：春去春回，故土难归。

雅句：春风又绿江南岸，明月何时照我还？

——宋·王安石《泊船瓜洲》

白话：前途渺茫，有点想家了。

金句：雨能挡住视线，但挡不住对故乡的思念。

雅句：望阙云遮眼，思乡雨滴心。

——唐·白居易《阴雨》

白话：想家了，真想回去看看。

金句：朝故乡的方向望一望，就当回家探亲了。

雅句：悲歌可以当泣，远望可以当归。

——汉·佚名《悲歌》

白话：秋天到了，想给家人写封信，却不知从何说起。

金句：提笔千斤重，落纸无一言。

雅句：洛阳城里见秋风，欲作家书意万重。

——唐·张籍《秋思》

白话：人心善变，真是可恨。

金句：最捉摸不定的是人心。

雅句：长恨人心不如水，等闲平地起波澜。

——唐·刘禹锡《竹枝词九首·其七》

白话：你的信迟迟不来，真让人心焦！

金句：见面难，通信也难。

雅句：鸿雁几时到，江湖秋水多。

——唐·杜甫《天末怀李白》

白话：每天都担心自己会变老。

金句：每根白发都是倒计时。

雅句：晓镜但愁云鬓改，夜吟应觉月光寒。

——唐·李商隐《无题·相见时难别亦难》

白话：心里的悲伤是无法描述的。

金句：再好的画家也画不出心碎的画面。

雅句：世间无限丹青手，一片伤心画不成。

——唐·高蟾《金陵晚望》

白话：你去世十年了，我还是无法忘记你。

金句：真爱不因生死而改变。

雅句：十年生死两茫茫，不思量，自难忘。

——宋·苏轼《江城子·乙卯正月二十日夜记梦》

白话：你走得越远，我就越想你。

金句：距离越远，思念越深。

雅句：离恨恰如春草，更行更远还生。

——五代·李煜《清平乐·别来春半》

白话：每当过节的时候，就会想起家乡的亲人。

金句：节日，是想家的日子。

雅句：独在异乡为异客，每逢佳节倍思亲。

——唐·王维《九月九日忆山东兄弟》

白话：前途渺茫，愁得饭也吃不下去。

金句：饭凉了，心乱了。

雅句：停杯投箸不能食，拔剑四顾心茫然。

——唐·李白《行路难三首·其一》

白话：你的想法，我全知道。

金句：有一种幸福，叫心有灵犀。

雅句：身无彩凤双飞翼，心有灵犀一点通。

——唐·李商隐《无题二首·其一》

白话：母亲对你的恩情，你永远报不完。

金句：母恩深似海，终身难报答。

雅句：谁言寸草心，报得三春晖。

——唐·孟郊《游子吟》

白话：真希望能与你生生死死在一起。

金句：死了都要爱。

雅句：在天愿作比翼鸟，在地愿为连理枝。

——唐·白居易《长恨歌》

白话：阅人无数，还是觉得你最好。

金句：没有比较，就没有好坏。

雅句：识尽千千万万人，终不似、伊家好。

——宋·施酒监《卜算子·赠乐婉杭妓》

白话：你真心爱他，他却无情无义。

金句：真心换不来真心，只能换来“变心”。

雅句：笑渐不闻声渐悄。多情却被无情恼。

——宋·苏轼《蝶恋花·春景》

白话：亲人无法团聚，却能共赏一轮月。

金句：你抬头看的月光，正落在我肩上。

雅句：但愿人长久，千里共婵娟。

——宋·苏轼《水调歌头·明月几时有》

白话：只要相爱，不必天天在一起。

金句：真爱是超越时间和空间的。

雅句：两情若是久长时，又岂在朝朝暮暮。

——宋·秦观《鹊桥仙·纤云弄巧》

白话：想见却见不着，最令人煎熬。

金句：思念是一种无声的痛。

雅句：相思相见知何日？此时此夜难为情！

——唐·李白《三五七言》

白话：青春一去不复返，我们再也回不去了。

金句：我们终究会老去。

雅句：流光容易把人抛，红了樱桃，绿了芭蕉。

——宋·蒋捷《一剪梅·舟过吴江》

白话：哪天才能回家与亲人团聚啊？

金句：想家是种病，只有回家能治好。

雅句：何日归家洗客袍？

——宋·蒋捷《一剪梅·舟过吴江》

白话：梦见自己回到了故乡，心里很高兴。

金句：梦里在家，醒来想家。

雅句：梦里不知身是客，一晌贪欢。

——五代·李煜《浪淘沙令·帘外雨潺潺》

白话：故地重游，却找不回当年的感觉。

金句：良辰美景，转瞬即逝。

雅句：物是人非事事休，欲语泪先流。

——宋·李清照《武陵春·春晚》

白话：心情不好，对家乡的思念一刻都没有停止。

金句：情绪低落时，乡愁最汹涌。

雅句：郁郁多悲思，绵绵思故乡。

——东汉·曹丕《杂诗二首·其一》

白话：离别是最令人伤感的。

金句：在转身的那一刻，心就空了。

雅句：黯然销魂者，唯别而已矣！

——南北朝·江淹《别赋》

白话：花谢了还能重开，人却再也不是以前的样子了。

金句：不变的是风景，变的是人。

雅句：年年岁岁花相似，岁岁年年人不同。

——唐·刘希夷《代悲白头翁》

白话：你觉得我化这个妆好看吗？

金句：你的看法，对我很重要。

雅句：妆罢低声问夫婿，画眉深浅入时无。

——唐·朱庆馀《近试上张水部》

白话：那明明是最好美好的时光，当初却没觉得。

金句：总以为日子会永远那样。

雅句：赌书消得泼茶香，当时只道是寻常。

——清·纳兰性德《浣溪沙·谁念西风独自凉》

白话：你想父母，父母更想你。

金句：父母给我们的，永远比我们给他们的多。

雅句：暗中时滴思亲泪，只恐思儿泪更多。

——清·倪瑞璿《忆母》

白话：我无时无刻不在想你。

金句：醒着是你，梦里也是你。

雅句：行也思君，坐也思君。

——明·唐寅《一剪梅·雨打梨花深闭门》

白话：美好的东西总是容易破碎。

金句：越好的东西，保质期越短。

雅句：大都好物不坚牢，彩云易散琉璃脆。

——唐·白居易《简简吟》

白话：兄弟之间相处得很好，家中一片欢乐的气氛。

金句：兄弟和睦，其乐融融。

雅句：兄弟既翕，和乐且耽。

——《礼记·中庸》

白话：既然结为夫妻，就要恩恩爱爱，不能互相猜疑。

金句：真爱就是，手机随便查。

雅句：结发为夫妻，恩爱两不疑。

——汉·苏武《留别妻》

白话：相思是无法言传的，不要白白浪费信纸和眼泪了。

金句：相思是一种说不出的痛。

雅句：相思本是无凭语，莫向花笺费泪行。

——宋·晏几道《鹧鸪天·醉拍春衫惜旧香》

白话：往事已很久远，但我对你的爱依然刻骨铭心。

金句：爱是没有保质期的。

雅句：相思似海深，旧事如天远。

——宋·乐婉《卜算子·答施》

第五章

交际：

良言一句三冬暖

与人相处，贵在真诚。一句暖心的话，一个善意的举动，往往能化解隔阂，拉近彼此的距离。

白话：遇事要懂得忍让。

金句：今日留一线，日后好相见。

雅句：路径窄处留一步，与人行。

——明·洪应明《菜根谭》

白话：要给别人留面子，不能戳别人的痛处。

金句：打人不打脸，骂人不揭短。

雅句：攻其恶，无攻人之恶。

——先秦·《论语·颜渊》

白话：你对我好，我会对你更好。

金句：人敬我一尺，我敬人一丈。

雅句：投我以木瓜，报之以琼琚。

——先秦·《诗经·卫风》

白话：说话别伤人，和气最重要。

金句：良言一句三冬暖，恶语伤人六月寒。

雅句：故与人善言，暖于布帛；伤人之言，深于矛戟。

——先秦·荀子《荀子·荣辱》

白话：你对我的恩情，我一定报答。

金句：滴水之恩，当涌泉相报。

雅句：大恩未报，刻刻于怀。衔环结草，生死不负。

——明·冯梦龙《醒世恒言》

白话：学会忍让，万事大吉。

金句：忍一时风平浪静，退一步海阔天空。

雅句：必有忍，其乃有济；有容，德乃大。

——先秦·《尚书·周书·君陈》

白话：聪明人广结善缘，傻子才到处树敌。

金句：多个朋友多条路，多个冤家多堵墙。

雅句：冤家宜解不宜结，各自回头看后头。

——明·唐寅《警世》

白话：看得清脸，看不透心。

金句：知人知面不知心。

雅句：凡人心险于山川，难于知天。

——先秦·庄子《庄子·杂篇·列御寇》

白话：这笔账，早晚得跟你算！

金句：君子报仇，十年不晚。

雅句：苦心人天不负，卧薪尝胆，三千越甲可吞吴。

——清·蒲松龄

白话：大家和睦相处，但不必什么都一样！

金句：求同存异，不搞整齐划一！

雅句：君子和而不同，小人同而不和。

——先秦·《论语·子路》

白话：小心小人在背后害你。

金句：明枪易躲，暗箭难防。

雅句：含沙射人影，虽病人不知。

——唐·白居易《读史五首·其四》

白话：跟谁都处得来，但不会跟谁搞小团伙。

金句：可以八面玲珑，但不能拉帮结派！

雅句：君子周而不比，小人比而不周。

——先秦·《论语·为政》

白话：别人话里有话，你别听不懂。

金句：说话听音，锣鼓听声。

雅句：视于无形，则得其所见矣；听于无声，则得其所闻矣。

——汉·刘安《淮南子·说林训》

白话：有些话不能说透，说透了会有麻烦。

金句：点到为止，见好就收。

雅句：劝君不用分明语，语得分明出转难。

——唐·罗隐《鹦鹉》

白话：管住嘴，别惹祸。

金句：病从口入，祸从口出。

雅句：万言万当不如一默。

——宋·黄庭坚《赠送张叔和》

白话： 跟你说话，简直是对牛弹琴。

金句： 酒逢知己千杯少，话不投机半句多。

雅句： 欲取鸣琴弹，恨无知音赏。

——唐·孟浩然《夏日南亭怀辛大》

白话： 不要说别人的不是。

金句： 多反省自己，少指责别人。

雅句： 静坐常思己过，闲谈莫论人非。

——清·金缨《格言联璧·接物类》

白话： 爱说别人闲话的人，往往自己就不靠谱儿。

金句： 搬弄是非的人，就是制造矛盾的人。

雅句： 来说是非者，便是是非人。

——明·《增广贤文》

白话：别瞧不起别人！

金句：今天你爱搭不理，明天你高攀不起。

雅句：敬人者人恒敬之。

——先秦·《孟子·离娄章句下》

白话：要学会换位思考。

金句：未经他人苦，莫劝他人善。

雅句：己所不欲，勿施于人。

——先秦·《论语·卫灵公》

白话：别人怎么待我，我就怎么待人。

金句：双向奔赴才有意义。

雅句：投我以桃，报之以李。

——先秦·《诗经·大雅·抑》

白话：别轻易跟人翻脸。

金句：做人留一线，日后好相见。

雅句：处世让一步为高，退步即进步的张本。

——明·洪应明《菜根谭》

白话：不是因为钱才交你这个朋友。

金句：真朋友讲道义，假朋友重利益。

雅句：君子之交淡如水，小人之交甘若醴。

——先秦·庄子《庄子·山木》

白话：不要跟没见识的人浪费口舌。

金句：不要对牛弹琴。

雅句：井蛙不可以语于海，夏虫不可以语于冰。

——先秦·庄子《庄子·秋水》

白话：话要说给听得懂的人。

金句：对牛弹琴，浪费感情。

雅句：不可与言而与之言，失言。

——先秦·《论语·卫灵公》

白话：与人交往，不能太较真。

金句：看破不说破，朋友继续做。

雅句：水至清则无鱼，人至察则无徒。

——汉·班固《汉书·东方关月传》

白话：牵涉钱的事，千万不能糊里糊涂的。

金句：谈钱不伤感情，装糊涂才伤感情。

雅句：财上分明大丈夫。

——明·《增广贤文》

白话：死的都能被说成活的。

金句：好马出在腿上，能人出在嘴上。

雅句：三寸之舌，强于百万之师。

——汉·司马迁《史记·平原君虞卿列传》

白话：一个人待着也挺不错的。

金句：低质量的社交不如高质量的独处。

雅句：独坐幽篁里，弹琴复长啸。

——唐·王维《竹里馆》

白话：人言可畏，瞎话传多了也能要人命。

金句：舌头底下压死人。

雅句：众口铄金，积毁销骨。

——汉·司马迁《史记·张仪列传》

白话：不要跟谁都掏心掏肺。

金句：话到嘴边留半句。

雅句：逢人且说三分话，未可全抛一片心。

——明·《增广贤文》

白话：你不害人，但也不能让别人害你。

金句：不做坏人，但要防坏人。

雅句：害人之心不可有，防人之心不可无！

——明·《增广贤文》

白话：对自己狠一点儿，对别人好一点儿。

金句：严于律己，宽以待人。

雅句：躬自厚而薄责于人。

——先秦·《论语·卫灵公》

白话：给别人忠告比给钱更有用。

金句：给人转账，不如给人“充电”。

雅句：君子赠人以言，庶人赠人以财。

——先秦·荀子《荀子·大略》

白话：与人交往，别耍心眼儿。

金句：虚伪换不来真心，真诚才能赢得信任。

雅句：诚者，天之道也；思诚者，人之道也。

——先秦·《孟子·离娄上》

白话：交朋友重要的是互相理解，不是吃吃喝喝。

金句：朋友是交心，不是交易。

雅句：人生贵相知，何必金与钱？

——唐·李白《赠友人》

白话：要让朋友吃好、喝好，不能小气。

金句：友情比金钱更重要。

雅句：五花马，千金裘，呼儿将出换美酒。

——唐·李白《将进酒》

白话：交朋友要慎重。

金句：要交益友，不交损友。

雅句：君子忌苟合，择交如求师。

——唐·贾岛《送沈秀才下第东归》

白话：朋友很多，能聊到一块儿的没几个。

金句：朋友易得，知己难求。

雅句：相识满天下，知心能几人？

——明·《增广贤文》

白话：交友重在知心。

金句：浇树浇根，交人交心。

雅句：交心不交面，从此重相忆。

——唐·白居易《伤唐衢二首·其一》

白话：要给别人台阶下。

金句：无敌不是本事，容人才是。

雅句：自出洞来无敌手，得饶人处且饶人。

——宋·蔡州道人《绝句》

白话：要多宣扬别人的优点，不要评说别人的缺点。

金句：要扬善，不揭短。

雅句：君子不蔽人之美，不言人之恶。

——先秦·韩非《韩非子·内储说上七术》

白话：酒肉朋友好交，知心朋友难找。

金句：朋友好交，真朋友不好交。

雅句：人知结交易，交友诚独难。

——魏晋·阮籍《咏怀八十二首·其六十九》

白话：有知心朋友，是人生的一大幸事。

金句：知己就像亲兄弟。

雅句：人生所贵在知己，四海相逢骨肉亲。

——元·萨都剌《留别同年索士岩经历》

白话：少议论别人的是非，就会少惹麻烦。

金句：闲事不管，烦恼全消。

雅句：逢人不说人间事，便是人间无事人。

——唐·杜荀鹤《赠质上人》

白话：只跟知书达理的人来往。

金句：与高手同行，自己才会变强。

雅句：谈笑有鸿儒，往来无白丁。

——唐·刘禹锡《陋室铭》

白话：新朋友没有老朋友好。

金句：衣服是新的好，朋友是旧的好。

雅句：衣不如新，人不如故。

——汉·佚名《古艳歌》

白话：相处得久了，才能看清一个人的真面目。

金句：时间是最好的试金石。

雅句：路遥知马力，岁久辨人心。

——宋·释道川《颂古二十八首·其二十七》

白话：记得当年曾跟很多大人物喝酒。

金句：盛宴已散，良辰难再。

雅句：忆昔午桥桥上饮，坐中多是豪英。

——宋·陈与义《临江仙·夜登小阁忆洛中旧游》

白话：人心是最难猜测的。

金句：知人知面不知心。

雅句：人心方寸间，山海几千里。

——宋·邵雍《人心》

白话：很多人都是因为钱才走到一起的。

金句：没有永远的朋友，只有永远的利益。

雅句：世人结交须黄金，黄金不多交不深。

——唐·张谓《题长安壁主人》

白话：表面上是好朋友，肚子各打各的算盘。

金句：嘴上称兄道弟，心里互相算计。

雅句：面结口头交，肚里生荆棘。

——唐·孟郊《择友》

白话：好朋友也会反目成仇。

金句：没有永远的朋友。

雅句：白首相知犹按剑。

——唐·王维《酌酒与裴迪》

白话：真正的友情越来越少了。

金句：古人重义轻利，今人见利忘义。

雅句：君不见管鲍贫时交，此道今人弃如土。

——唐·杜甫《贫交行》

白话：你倒霉时没人帮你，你发达时都来捧你。

金句：帮你的人少，捧你的人多。

雅句：雪中送炭君子少，锦上添花小人多。

——明·《增广贤文》

白话：穷时没人理你，富了都来巴结你。

金句：人穷朋友少，钱多亲戚多。

雅句：贫居闹市无人问，富在深山有远亲。

——明·《增广贤文》

白话：人人都在巴结权贵，还怕巴结得不到位。

金句：巴结权贵，不遗余力。

雅句：世人逐势争奔走，沥胆隳肝惟恐后。

——唐·李颀《行路难》

白话：你不说别人的坏话，别人也不会说你的坏话。

金句：不议人非，不惹是非。

雅句：恶言不出于口，忿言不反于身。

——《礼记·祭义》

白话：对别人说的话，你要挑着听。

金句：聪明人懂得筛选信息。

雅句：兼听则明，偏信则暗。

——宋·司马光《资治通鉴·唐纪八》

白话：跟别人开玩笑时，不能让人难堪。

金句：高级的幽默，是让彼此都舒服。

雅句：善戏谑兮，不为虐矣。

——先秦·《诗经·卫风·淇奥》

白话：与人交往时，要懂得谦让。

金句：让一步为高，宽一分是福。

雅句：辞让之心，礼之端也。

——先秦·《孟子·公孙丑上》

白话：不能要求朋友做违背道德的事。

金句：真朋友，不会让你干坏事。

雅句：君子不尽人之欢。

——《礼记·曲礼上》

白话：朋友闹掰了，也不能恶语相向。

金句：朋友一场，好聚好散。

雅句：古之君子交绝，不出恶声。

——汉·刘向《战国策·燕策二》

白话：我们对待别人要真诚善良。

金句：善良是最大的美德。

雅句：君子莫大乎与人为善。

——先秦·《孟子·公孙丑上》

白话：实话不一定好听，好听的不一定是实话。

金句：真话刺耳，好话有毒。

雅句：信言不美，美言不信。

——先秦·老子《道德经》

白话：要在人最困难的时候给予帮助。

金句：雨中送伞，饿时送饭。

雅句：济人须济急时无。

——明·《增广贤文》

白话：说话要看情况，该说时说，不该说时不说。

金句：在恰当的时候说恰当的话。

雅句：时然后言，人不厌其言。

——先秦·《论语·宪问》

白话：我们要帮助那急需帮助的人。

金句：要雪中送炭，不要锦上添花。

雅句：君子周急不继富。

——先秦·《论语·雍也》

白话：在人际交往中，我要尊重别人，包容别人。

金句：对能人要尊重，对常人要包容。

雅句：君子尊贤而容众。

——先秦·《论语·子张》

事业：天生我材必有用

每个人都有自己的天赋与使命。为自己热爱的事业努力奋斗，就能让自己的人生绽放出光彩。

白话：优秀的人难免遭人嫉妒。

金句：风头太劲，容易翻车。

雅句：木秀于林，风必摧之。

——魏晋·李康《运命论》

白话：只要有能力，就不怕没有用武之地。

金句：不怕没工作，就怕没本事。

雅句：不患无位，患所以立。

——先秦·《论语·里仁》

白话：有了真本事，时机到了就能出头。

金句：存得住实力，抓得住机会。

雅句：君子藏器于身，待时而动。

——先秦·《易传·系辞传下》

白话：要敢于说真话，不要唯唯诺诺。

金句：领导需要的不是应声虫，是敢说真话的人。

雅句：千人之诺诺，不如一士之谔谔。

——汉·司马迁《史记·商君列传》

白话：我准能找到合适的工作。

金句：是金子总会发光，是废铁也能回收！

雅句：天生我材必有用。

——唐·李白《将进酒》

白话：只有经历艰难困苦，才能取得成功。

金句：逆境试强者，烈火验真金。

雅句：千淘万漉虽辛苦，吹尽狂沙始到金。

——唐·刘禹锡《浪淘沙·其八》

白话：总有一天我会实现自己的抱负。

金句：是金子总会发光的。

雅句：长风破浪会有时，直挂云帆济沧海。

——李白《行路难·其一》

白话：升职的路都被堵塞了。

金句：干啥都不顺，有种走投无路的感觉。

雅句：欲渡黄河冰塞川，将登太行雪满山。

——唐·李白《行路难·其一》

白话：对待工作要小心谨慎。

金句：这日子过得，像在雷区蹦迪。

雅句：战战兢兢，如临深渊，如履薄冰。

——先秦·《诗经·小雅·小旻》

白话：投了一百次简历，终于遇到一个伯乐。

金句：人才遍地走，贵人不好遇！

雅句：千里马常有，而伯乐不常有。

——唐·韩愈《马说》

白话：想做好一件事，先得把工具磨锋利。

金句：效率不是拼时间，是拼工具的锋利度。

雅句：工欲善其事，必先利其器。

——先秦·《论语·卫灵公》

白话：官大官小都要为民做主。

金句：官帽虽轻，责任千斤。

雅句：些小吾曹州县吏，一枝一叶总关情。

——清·郑燮《潍县署中画竹呈年伯包大中丞括》

白话：不懂人情世故，就没法在官场上混。

金句：官路之难，难在人情冷暖。

雅句：行路难，不在水，不在山，只在人情反覆间。

——唐·白居易《太行路·借夫妇以讽君臣之不终也》

白话：只要对国家有利，生死都可置之度外。

金句：既然选择当官，就不能怕有麻烦。

雅句：苟利国家生死以，岂因祸福避趋之。

——清·林则徐《赴戍登程口占示家人二首·其二》

白话：谁是人才，需要时间来验证。

金句：时间是最公正的试金石。

雅句：试玉要烧三日满，辨材须待七年期。

——唐·白居易《放言五首·其三》

白话：好男儿要建功立业，名垂青史。

金句：不怕没能力，就怕没志气。

雅句：一万年来谁著史，三千里外欲封侯。

——清·李鸿章《入都·其一》

白话：拿到了大学录取通知书，心情爽极了！

金句：放飞心情，拥抱快乐。

雅句：春风得意马蹄疾，一日看尽长安花。

——唐·孟郊《登科后》

白话：偶然的原因，我没当上状元。

金句：成败皆偶然，何必太在意？

雅句：黄金榜上，偶失龙头望。

——宋·柳永《鹤冲天·黄金榜上》

白话：刚给领导提了建议，就被降职。

金句：领导翻脸比翻书还快。

雅句：一封朝奏九重天，夕贬潮州路八千。

——唐·韩愈《左迁至蓝关示侄孙湘》

白话：别大意，小心同事在背后捅刀。

金句：不怕夹枪带棒，就怕笑里藏刀。

雅句：笑中有刀潜杀人。

——唐·白居易《天可度·恶诈人也》

白话：才华横溢却无法实现自己的抱负。

金句：本是千里马，却一直在拉磨。

雅句：虚负凌云万丈才，一生襟抱未曾开。

——唐·崔珏《哭李商隐二首·其二》

白话：事业达到巅峰时，要急流勇退。

金句：物极必反，见好就收。

雅句：成功之下，不可久处。

——汉·司马迁《史记·范雎蔡泽列传》

白话：让我去巴结领导？做梦！

金句：可以配合工作，但绝不配合谄媚。

雅句：安能摧眉折腰事权贵，使我不得开心颜？

——唐·李白《梦游天姥吟留别》

白话：不能为了升职而不择手段。

金句：宦海三十年，终究一场空。

雅句：因嫌纱帽小，致使锁枷扛。

——清·曹雪芹《好了歌注》

白话：有些人喜欢对同事用双重标准。

金句：自己失误是“意外”，别人出错是“成心”。

雅句：羌内恕己以量人兮，各兴心而嫉妒。

——先秦·屈原《离骚》

白话：做完这个大项目，我就可以安心退休了。

金句：功成名就，人生圆满。

雅句：了却君王天下事，赢得生前身后名。

——宋·辛弃疾《破阵子·为陈同甫赋壮词以寄之》

白话：我不想随大流，结果被扫地出门。

金句：不怕千人一面，就怕与众不同。

雅句：举世皆浊我独清，众人皆醉我独醒。

——先秦·佚名《渔父》

白话：辞了职，一身都轻松。

金句：自由最宝贵。

雅句：久在樊笼里，复得返自然。

——晋·陶渊明《归园田居·其一》

白话：我一定会有所作为，不会一直在底层瞎混。

金句：我生来是高山，怎甘匍匐于荒草？

雅句：仰天大笑出门去，我辈岂是蓬蒿人。

——唐·李白《南陵别儿童入京》

白话：刚入职，感觉大有可为。

金句：聘书刚到手，就想当总监。

雅句：乍捧毛生檄，初登贾傅年。

——宋·赵鼎臣《挽故致政大夫诗·其一》

白话：事业拼到最后，拼的是人品。

金句：能力决定起点，德行决定终点。

雅句：大德必得其位，必得其禄，必得其名。

——《礼记·中庸》

白话：成功之路，是一步一步走出来的。

金句：成功就是每天进步一点点。

雅句：跬步而不休，跛鳖千里；累土而不辍，丘山崇成。

——先秦·荀子《荀子·修身》

白话：每个老人都会被新人取代。

金句：长江后浪推前浪，一代新人换旧人。

雅句：江山代有才人出，各领风骚数百年。

——清·赵翼《论诗五首·其二》

白话：年纪大了，但雄心依旧。

金句：人老心不老。

雅句：壮心未与年俱老，死去犹能作鬼雄。

——宋·陆游《书愤二首·其一》

白话：人要有大志向。

金句：心有多大，舞台就有多大。

雅句：丈夫志四海，万里犹比邻。

——三国·曹植《赠白马王彪·并序》

白话：抓住机遇，普通人也能成大事。

金句：时势造英雄。

雅句：蛟龙得云雨，雕鹗在秋天。

——唐·杜甫《奉赠严八阁老》

白话：人多了力量大。

金句：众人拾柴火焰高。

雅句：万人操弓，共射一招，招无不中。

——先秦·《吕氏春秋·孟春记》

白话：要把合适的人，放在合适的位置上。

金句：合适，比优秀更重要。

雅句：骏马能历险，力田不如牛。坚车能载重，渡河不如舟。

——清·顾嗣协《杂兴八首·其三》

白话：体力不行了，但脑子还好使。

金句：老将指路，年轻人冲锋。

雅句：古来存老马，不必取长途。

——唐·杜甫《江汉》

白话：说话做事之前，都要多想一想。

金句：多思少错。

雅句：动必三省，言必再思。

——唐·白居易《策林一》

白话：个人强不算强，团队强才是真的强。

金句：独木不成林，单丝不成线。

雅句：一花独放不是春，万紫千红春满园。

——明·《古今贤文》

白话：两样都好，选更好的；两样都不好，选不太差的。

金句：选收益最大、损失最小的！

雅句：断指以存腕，利之中取大，害之中取小也。

——先秦·《墨子·大取》

白话：大鱼吃小鱼，小鱼吃虾米。

金句：强者通吃，弱者出局。

雅句：弱之肉，强之食。

——宋·司马光《资治通鉴·唐经》

白话：做事情要抓住要害，别瞎忙。

金句：打蛇打七寸。

雅句：射人先射马，擒贼先擒王。

——唐·杜甫《前出塞九首·其六》

白话：坚持做好每一件小事，迟早能成大事。

金句：所有大成就，都源自小进步。

雅句：涓流虽寡，浸成江河；爝火虽微，卒能燎野。

——南北朝·范晔《后汉书·酷吏列传》

白话：身在局中，你会晕头转向。

金句：当局者迷，旁观者清。

雅句：不识庐山真面目，只缘身在此山中。

——宋·苏轼《题西林壁》

白话：事业的成功，离不开众人的相助。

金句：得人心者得天下。

雅句：得人者兴，失人者崩。

——汉·司马迁《史记·商君列传》

白话：人被逼到绝境，潜能才会爆发出来。

金句：没有退路，才有出路。

雅句：投之亡地然后存，陷之死地然后生。

——先秦·孙武《孙子兵法·九地》

白话：光有才华不能成事，还得有毅力。

金句：天赋决定起点，毅力决定终点。

雅句：古之立大事者，不惟有超世之才，亦必有坚忍不拔之志。

——宋·苏轼《晁错论》

白话：只要想干、会干，我也能当老板。

金句：我命由我不由天。

雅句：王侯将相宁有种乎！

——汉·史马迁《史记·陈涉世家》

白话：一心不能二用。

金句：精力分两半，两边都白干。

雅句：右手画圆，左手画方，不能两成。

——先秦·韩非《韩非子·功名》

白话：成功离不开贵人的提携。

金句：站在巨人的肩上，才能看得更远。

雅句：新竹高于旧竹枝，全凭老干为扶持。

——清·郑燮《新竹》

白话：只有站得高，才能看得远。

金句：有高度，才会有广度。

雅句：欲穷千里目，更上一层楼。

——唐·王之涣《登鹳雀楼》

白话：没有用武之地，心情很失落。

金句：环境不养人，努力也白费。

雅句：塞上长城空自许，镜中衰鬓已先斑。

——宋·陆游《书愤》

白话：年纪大了，但不想躺平。

金句：活到老，干到老。

雅句：垂头自惜千金骨，伏枥仍存万里心。

——元 · 郝经《老马》

白话：小猫钓鱼，三心二意。

金句：专注出效率，分心毁所有。

雅句：心似平原走马，易放难收。

——明 ·《增广贤文》

白话：事业没起色，只好躺平。

金句：曾经想改变世界，最后只混成小区园丁。

雅句：却将万字平戎策，换得东家种树书。

——宋 · 辛弃疾《鹧鸪天 · 有客慨然谈功名因追念少年时事戏作》

白话：顺风扬帆，才能一日千里。

金句：站在风口上，猪都能飞起来。

雅句：好风凭借力，送我上青云。

——清·曹雪芹《临江仙·柳絮》

白话：占个好位置，成功快一步。

金句：环境决定下限，努力决定上限。

雅句：近水楼台先得月，向阳花木易为春。

——宋·苏麟《断句》

白话：这边亏了，那边赚回来！

金句：有失必有得。

雅句：失之东隅，收之桑榆。

——南北朝·范晔《后汉书·冯岑贾列传》

白话：工具好，效率才高。

金句：掌握了好资源，才能有大作为。

雅句：挽弓当挽强，用箭当用长。

——唐·杜甫《前出塞九首·其六》

白话：成功要靠自己的本事，不能拉关系，走后门儿。

金句：靠关系上位，不如靠本事站稳。

雅句：不挟长，不挟贵，不挟兄弟而友。

——先秦·《孟子·万章章句下》

白话：有些事看似简单，其实做起来很难。

金句：一看就会，一做就废。

雅句：看似寻常最奇崛，成如容易却艰辛。

——宋·王安石《题张司业诗》

白话：做事情要顺应环境和趋势，否则无法成功。

金句：顺势而为，才能有所作为。

雅句：顺天者存，逆天者亡。

——先秦·《孟子·离娄章句上》

白话：跟对人，很重要。

金句：选个好平台，才能有大作为。

雅句：良禽择木而栖，贤臣择主而事。

——明·罗贯中《三国演义》

白话：舞台很大，随你怎么折腾。

金句：世界很大，不愁没有用武之地。

雅句：海阔凭鱼跃，天高任鸟飞。

——宋·阮阅《诗话总龟》

白话：做事情不能虎头蛇尾。

金句：开好头，收好尾，才算大功告成。

雅句：慎终如始，则无败事。

——先秦·老子《道德经》

白话：站得高，才能看清哪条路值得走。

金句：站得越高，眼界越宽。

雅句：来来先上上方看，眼界无穷世界宽。

——唐·方干《题报恩寺上方》

白话：路要一步一步走。

金句：把大目标拆成小步骤，一步步来。

雅句：千里之行，始于足下。

——先秦·老子《道德经》

白话：老了也不能没了心气。

金句：头发可以少，雄心不能少。

雅句：老当益壮，宁移白首之心？

——唐·王勃《滕王阁序》

白话：同心协力，所向披靡。

金句：人心齐，泰山移。

雅句：二人同心，其利断金；同心之言，其臭如兰。

——先秦·《易传·系辞传上》

白话：成功要靠大家共同努力。

金句：带好团队，战无不胜。

雅句：能用众力，则无敌于天下矣。

——晋·陈寿《三国志·吴书》

白话：借他人之长，补自己之短。

金句：善用他人之智，成就卓越自我。

雅句：他山之石，可以攻玉。

——先秦·《诗经·小雅·鹤鸣》

白话：简洁就是最高级的创新。

金句：少胜于多，精胜于杂。

雅句：删繁就简三秋树，领异标新二月花。

——清·郑燮《赠君谋父子》

白话：苦难最能锻炼一个人的心智。

金句：苦难是成功者的垫脚石。

雅句：自古雄才多磨难，从来纨绔少伟男。

——现代·王宝池《七律·劝学》

白话：有付出才会有收获。

金句：今天的努力，是为了明天的成功。

雅句：春种一粒粟，秋收万颗子。

——唐·李绅《悯农二首·其一》

白话：做事情要竭尽全力。

金句：全力以赴，至死方休。

雅句：鞠躬尽瘁，死而后已。

——三国·诸葛亮《后出师表》

白话：每天坚持做好手头的事，最终会取得成功。

金句：坚持就是胜利。

雅句：百行谨行持，千日炼成真宝。

——元·马钰《无梦令·赠蓬莱散人》

白话：贵人不会主动找你，你要主动去找他。

金句：等风来不如追风去。

雅句：君子见几而作，不俟终日。

——先秦·《易传·系辞传下》

白话：你在前面拼命，别人在后面捡便宜。

金句：你的努力，别人的业绩。

雅句：苦恨年年压金线，为他人作嫁衣裳。

——唐·秦韬玉《贫女》

白话：事情要靠大家一起做。

金句：一个人可以走得快，一群人却可以走得远。

雅句：孤举者难起，众行者易趋。

——清·魏源《默觚·治篇八》

白话：只要有远大的理想，任何困难都不值得一提。

金句：格局大了，困难就小了。

雅句：五岭逶迤腾细浪，乌蒙磅礴走泥丸。

——现当代·毛泽东《七律·长征》

白话：经得起大风大浪，才是大神。

金句：沧海横流，方显英雄本色。

雅句：弄潮儿向涛头立，手把红旗旗不湿。

——宋·潘阆《酒泉子·长忆观潮》

白话：见识多了，解决问题就容易。

金句：只有见得多，才能玩得转。

雅句：读书破万卷，下笔如有神。

——唐·杜甫《奉赠韦左丞丈二十二韵》

白话：就是再难，也要努力达成目标。

金句：不达目的，誓不罢休！

雅句：黄沙百战穿金甲，不破楼兰终不还。

——唐·王昌龄《从军行七首·其四》

白话：纸上谈兵不行，要注重实践。

金句：理论联系实际。

雅句：纸上得来终觉浅，绝知此事要躬行。

——宋·陆游《冬夜读书示子聿》

白话：目标再远，我也不会放弃！

金句：求索无止境，脚步不能停。

雅句：路漫漫其修远兮，吾将上下而求索。

——先秦·屈原《离骚》

白话：没有哪个人是全知全能的，关键是用对地方。

金句：用人之长，容人之短。

雅句：生材贵适用，慎勿多苛求。

——清·顾嗣协《杂兴八首·其三》

白话：每个人都有自己擅长做的工作。

金句：专业的人干专业的事。

雅句：术业有专攻。

——唐·韩愈《师说》

白话：一不小心，就会被卷入别人的纷争！

金句：被连累，最倒霉。

雅句：无妄之灾，或系之牛，行人之得，邑人之灾。

——先秦·《周易·无妄卦》

白话：有本事的人不一定有好运气。

金句：英雄失意，小人得志。

雅句：骅骝拳跼不能食，蹇驴得志鸣春风。

——唐·李白《答王十二寒夜独酌有怀》

财富：
千金散去还复来

金钱是生活的工具，而非人生的目的。懂得取之有道、用之有度，才是真正富有。

白话：钱是赚不完的，命只有一条。

金句：追名逐利，越活越累。

雅句：浮名浮利，虚苦劳神。

——宋·苏轼《行香子·述怀》

白话：个人所需有限，何必占有大量财富？

金句：钱不在多，够用就行。

雅句：良田万顷，日食三升；大厦千间，夜眠八尺。

——明·《增广贤文》

白话：该花的时候花，该省的时候省。

金句：好钢用在刀刃上。

雅句：事急则巨万可捐，事平则锱铢必较。

——清·张廷玉《明史·汤开远传》

白话：先吃饱肚子，才会知书达理。

金句：财富积累推动文明进步。

雅句：仓廪实而知礼节，衣食足而知荣辱。

——汉·司马迁《史记·管晏列传》

白话：小钱一点儿一点儿积攒起来，就是大钱。

金句：攒钱就像滚雪球。

雅句：泰山不让土壤，故能成其大；河海不择细流，故能就其深。

——秦·李斯《谏逐客书》

白话：不会精打细算，日子就会越过越穷。

金句：吃不穷，穿不穷，算计不到就受穷。

雅句：为生鄙计算，盐米告屡罄。

——唐·韩愈《东都遇春》

白话：富二代的生活水准令人咋舌！

金句：古今炫富党，都是一个样。

雅句：长安少年不少钱，能骑骏马鸣金鞭。

——唐·高适《行路难二首》

白话：赚钱不能光靠力气，更得靠脑子。

金句：认知半径决定财富上限。

雅句：富在术数，不在劳身；利在势居，不在力耕。

——汉·桓宽《盐铁论》

白话：道德追求比物质追求更重要。

金句：穷不可怕，没了良心才可怕。

雅句：君子忧道不忧贫。

——先秦·《论语·卫灵公》

白话：价高时抛售，价低时收购。

金句：经商的本质就是贱买贵卖。

雅句：贵出如粪土，贱取如珠玉。

——汉·司马迁《史记·货殖列传》

白话：善于理财的人，会赚钱，也会花钱。

金句：理财就是开源节流。

雅句：善治财者，养其所自来，而收其所有余。

——宋·司马光《资治通鉴》

白话：舍得花钱，才能招揽到人才。

金句：重赏之下必有勇夫。

雅句：轻财足以聚人。

——明·陈继儒《小窗幽记·集醒篇》

白话：过度追逐名利会倒霉。

金句：钱财是催命鬼，功名是迷魂汤。

雅句：莫言名与利，名利是身仇。

——唐·杜牧《不寝》

白话：钱要从正道来，不贪不义之财。

金句：用脏钱买来的豪宅，住着会做噩梦。

雅句：富与贵，是人之所欲也；不以其道得之，不处也。

——先秦·《论语·里仁》

白话：有多少钱，办多大事。

金句：看菜吃饭，量体裁衣。

雅句：量腹而食，度身而衣。

——先秦·《墨子·鲁问》

白话：有书可读，日子穷点也不觉得苦。

金句：用精神财富弥补物质的不足。

雅句：以中有足乐者，不知口体之奉不若人也。

——明·宋濂《送东阳马生序》

白话：太爱钱了，反而留不住钱。

金句：贪三分利，亏全部本。

雅句：甚爱必大费；多藏必厚亡。

——先秦·老子《道德经》

白话：有钱别显摆，容易惹麻烦。

金句：钱是生活的助力，不是炫耀的工具。

雅句：客不离货，财不露白。

——明·《增广贤文》

白话：有钱没钱都难逃一死。

金句：朋友圈里晒奢华，重症室里无赢家。

雅句：莫笑贱贫夸富贵，共成枯骨两如何？

——唐·白居易《放言五首·其四》

白话：有本事比有钱更重要。

金句：存钱不如存技能。

雅句：积财千万，不如薄技在身。

——南北朝·颜之推《颜氏家训·勉学》

白话：有钱人的日子过得真是随心所欲。

金句：有钱才能任性。

雅句：腰缠十万贯，骑鹤上扬州。

——宋·释宗杲《颂古六首·其一》

白话：再多的钱财也终有失去的一天。

金句：富不过三代。

雅句：金玉满堂，莫之能守。

——先秦·老子《道德经》

白话：不要把金银珠宝看得太重。

金句：钱乃身外之物。

雅句：藏金于山，藏珠于渊；不利货财，不近贵富。

——先秦·庄子《庄子·天地》

白话：用不正当的手段谋取富贵，这事我干不来。

金句：有的钱不能赚，有的财不能发。

雅句：不义而富且贵，于我如浮云。

——先秦·《论语·述而》

白话：财富分配要合理。

金句：不怕钱少，就怕分不好。

雅句：天下不患无财，患无人以分之。

——先秦·管仲《管子·六亲五法》

白话：多读书，才能有钱、有地位。

金句：知识就是财富。

雅句：贫者因书富，富者因书贵。

——明·苏复之《金印记》

白话：人人都在拼命赚钱。

金句：无利不起早。

雅句：天下熙熙，皆为利来；天下攘攘，皆为利往。

——汉·司马迁《史记·货殖列传序》

白话：想过好日子，就得好好学习。

金句：今天的知识，明天的财富。

雅句：富贵必从勤苦得，男儿须读五车书。

——唐·杜甫《柏学士茅屋》

白话：干活的人多，吃饭的人少，钱自然就会攒越多。

金句：理财之道，开源节流。

雅句：生财有大道，生之者众，食之者寡。

——先秦·《礼记·大学》

白话：人怎么能为了贪图富贵而丧失人格？

金句：再多的钱，也买不回丢掉的脸！

雅句：人生贵适意，富贵安可苟。

——南宋·陆游《酒熟醉中作短歌》

白话：钱够用就行，多了也没用。

金句：人生最大的悲剧是：人死了，钱还没花完。

雅句：以财为草，以身为宝。

——汉·刘向《说苑·丛谈》

白话：突然变富，不知道该怎样享受生活。

金句：财富可以一夜暴增，但贵气需要三代沉淀。

雅句：乍富不知新受用，乍贫难改旧家风。

——明·《增广贤文》

白话：人们在乎的不是你有多苦，而是你能赚多少钱。

金句：钱味太冲，人味就淡。

雅句：富者荣贵，贫者贱辱。

——魏晋·鲁褒《钱神论》

白话：富人不一定一直富，贫人不一定一直贫。

金句：财富会流动。

雅句：豪家不一定常富贵，贫人不一定贫。

——明·兰陵笑笑生《金瓶梅》

白话：钱再多，也未必能经得起生活的暴风雨。

金句：一场意外，就是能让财富清零。

雅句：积玉堆金官又崇，祸来倏忽变成空。

——宋·陈播《临刑诗》

白话：每一份教育投入，都是为你的财富保值、增值。

金句：投资孩子就是投资未来。

雅句：一年之计，莫如树谷；十年之计，莫如树木；终身之计，莫如树人。

——先秦·管仲《管子·权修》

白话：贤者有钱会丧失斗志，愚者有钱会犯更大的错误。

金句：钱多了未必是好事。

雅句：贤而多财，则损其志；愚而多财，则益其过。

——汉·班固《汉书·疏广传》

第八章

学业：

梅花香自苦寒来

学习是终身的修行。唯有耐得住寂寞、经得起磨砺，才能在求知路上走得更远、看得更广。

白话：学习要勤奋，不能贪玩。

金句：你在玩游戏时，别人正在啃专业知识。

雅句：业精于勤，荒于嬉。

——唐·韩愈《进学解》

白话：要学会在困境中成长。

金句：那些杀不死你的终将使你更强大。

雅句：千磨万击还坚劲，任尔东西南北风。

——清·郑燮《竹石》

白话：真正的成长，就是在困苦中锤炼。

金句：吃苦是人生的必修课。

雅句：宝剑锋从磨砺出，梅花香自苦寒来。

——明·《警世贤文·勤奋篇》

白话：没有痛苦的洗礼，就不会有真正的蜕变。

金句：不经历风雨，怎么见彩虹？

雅句：不经一番寒彻骨，怎得梅花扑鼻香。

——唐·黄蘖禅师《上堂开示颂》

白话：能力是一点儿一点儿培养起来的。

金句：每天进步一点点，你也能当学霸。

雅句：合抱之木，生于毫末；九层之台，起于累土。

——先秦·老子《道德经》

白话：只有不断学习，才能不断进步。

金句：活力源于创新，停滞等同消亡。

雅句：问渠那得清如许，为有源头活水来。

——南宋·朱熹《观书有感·其一》

白话：书读多了，气质自然就变得高贵了。

金句：肚子里有货，说话做事就是不一样。

雅句：腹有诗书气自华。

——宋·苏轼《和董传留别》

白话：年轻时要好好学习，别等老了后悔。

金句：别在该努力的年龄躺平！

雅句：黑发不知勤学早，白首方悔读书迟。

——唐·颜真卿《劝学》

白话：天赋不够，努力来凑。

金句：笨鸟先飞。

雅句：勤能补拙是良训，一分辛苦一分才。

——当代·华罗庚

白话：学习重要，实践更重要。

金句：耳到千遍，不如手到一遍。

雅句：闻之不若见之，见之不若知之，知之不若行之。

——先秦·荀子《荀子·儒效》

白话：只有不断历练，才能有所成就。

金句：台上一分钟，台下十年功。

雅句：博观而约取，厚积而薄发。

——宋·苏轼《稼说送张琥》

白话：不断学习才会永不掉队。

金句：活到老，学到老。

雅句：古人学问无遗力，少壮工夫老始成。

——宋·陆游《冬夜读书示子聿》

白话：读书是最快乐的事。

金句：读书是最廉价的快乐。

雅句：蹉跎莫遣韶光老，人生唯有读书好。

——宋·翁森《四时读书乐·其一》

白话：温室里长不出参天大树，风雨里才练得出硬骨头。

金句：玉不琢，不成器。

雅句：玉经磨琢多成器，剑拔沉埋更倚天。

——唐·王涣《上裴侍郎》

白话：老师就是负责帮你解决问题的。

金句：老师就像导航仪。

雅句：师者，所以传道受业解惑也。

——唐·韩愈《师说》

白话：小孩子要争分夺秒地好好学习。

金句：聪明出于勤奋，天才在于积累。

雅句：少年辛苦终身事，莫向光阴惰寸功。

——唐·杜荀鹤《题弟侄书堂》

白话：不懂就要问，别不懂装懂。

金句：问得多，进步快。

雅句：君子之学必好问。问与学，相辅而行者也。

——清·刘开《问说》

白话：有兴趣，学起来就带劲。

金句：兴趣是最好的老师。

雅句：知之者不如好之者，好之者不如乐之者。

——先秦·《论语·雍也》

白话：坚持学习，循序渐进。

金句：天天有进步，月月有成就。

雅句：日就月将，学有缉熙于光明。

——先秦·《诗经·周颂·敬之》

白话：知识要靠日积月累。

金句：每天学一点儿，十年成专家。

雅句：不积小流，无以成江海。

——先秦·荀子《荀子·劝学》

白话：年轻时不努力学习，老了就会后悔。

金句：不吃学习的苦，就吃生活的苦。

雅句：少壮不努力，老大徒伤悲！

——汉·乐府诗《长歌行》

白话：学习时，要从根本上解决问题。

金句：学习就要刨根究底。

雅句：学非探其花，要自拔其根。

——唐·杜牧《留诲曹师等诗》

白话：时间像金钱一样宝贵，要抓紧时间学习。

金句：时间宝贵，不容浪费。

雅句：读书不觉已春深，一寸光阴一寸金。

——唐·王贞白《白鹿洞二首·其一》

白话：你不可能永远年轻，要抓紧时间学习。

金句：青春短暂，只争朝夕。

雅句：青春须早为，岂能长少年。

——唐·孟郊《劝学》

白话：只有不断学习，才能不断进步。

金句：止步就是退步。

雅句：学如逆水行舟，不进则退。

——明·《增广贤文》

白话：只要肯学，就没有学不好的。

金句：没有翻不过去的山，只有不肯攀登的人！

雅句：世上无难事，只要肯登攀。

——现当代·毛泽东《水调歌头·重上井冈山》

白话：时常跟人交流学习心得，才能增长见识。

金句：互相交流，共同进步。

雅句：独学而无友，则孤陋而寡闻。

——先秦·乐正克《学记》

白话：爱学习，爱思考，多提问，才能进步。

金句：爱提问的，最后都成了学霸。

雅句：敏而好学，不耻下问。

——先秦·《论语·公冶长》

白话：有了知识，才能混得开。

金句：知识就是力量。

雅句：人有知学，则有力矣。

——汉·王充《论衡·效力》

白话：学习是一个从量变到质变的过程。

金句：你刷的每道题，都在垫高你的成绩。

雅句：积土成山，风雨兴焉；积水成渊，蛟龙生焉。

——先秦·荀子《荀子·劝学》

白话：早上要早点起床读书，不要睡懒觉。

金句：早起的鸟儿有虫吃。

雅句：三更灯火五更鸡，正是男儿读书时。

——唐·颜真卿《劝学》

白话：我在学习方面真下过一番苦功夫。

金句：学习时，就要对自己狠一点儿。

雅句：韦编屡绝铁砚穿，口诵手钞那计年。

——宋·陆游《寒夜读书》

白话：搞文学创作是一件耗费心血的事。

金句：字字看来皆是血，十年辛苦不寻常。

雅句：吟安一个字，捻断数茎须。

——唐·卢延让《苦吟》

白话：学习是一个持续发力的过程。

金句：没有进步，就是退步。

雅句：为学正如撑上水船，一篙不可放缓。

——宋·《朱子语录》

白话：通宵学习，累得睁不开眼。

金句：要想学有所成，就要对自己狠一点儿。

雅句：夜学晓未休，苦吟神鬼愁。

——唐·孟郊《夜感自遣》

白话：读书才是提高能力、改变命运的最佳途径。

金句：不读书，哪一行都做不好。

雅句：万般皆下品，惟有读书高。

——宋·汪洙《神童诗》

白话：耐得住寂寞，才接得住掌声。

金句：成功前是空气，成功后是氧气。

雅句：十年寒窗无人问，一举成名天下知。

——明·《增广贤文》

白话：读书别图快，慢慢品才有味。

金句：囫囵吞枣，不如不读。

雅句：读书切戒在慌忙，涵泳工夫兴味长。

——宋·陆九渊《读书》